Thich Nhat Hanh

*U*nd ich blühe wie die *B*lume...

Geführte Meditationen und Lieder

D1669243

AURUM VERLAG

Die von Annabel Laity aus dem Vietnamesischen ins Englische
übersetzte Originalausgabe erschien 1993 unter dem Titel
„The Blooming of a Lotus" bei Beacon Press, Boston, Mass.

Auf Wunsch Thich Nhat Hanhs wurde der deutschen Übersetzung eine
weitere Übung (Nr. 35) hinzugefügt.

Ins Deutsche übersetzt von Thomas Geist.

Titelfoto von Thayer Syme / Bavaria Bildagentur

Die Deutsche Bibliothek – CIP-Einheitsaufnahme

Thich, Nhat Hanh:
Und ich blühe wie die Blume ... : geführte Meditationen und
Lieder / Thich Nhat Hanh. [Ins Dt. übers. von Thomas Geist].
– Braunschweig: Aurum-Verl., 1995
ISBN 3-591-08365-8

1995
ISBN 3-591-08365-8
© 1993 Thich Nhat Hanh
© der deutschen Ausgabe Aurum Verlag GmbH, Braunschweig
Gesamtherstellung: Westermann Druck Zwickau GmbH

Inhalt

Vorwort

Die Funktion der Meditation ist es, zu heilen und zu transformieren. Meditation, wie sie in meiner Tradition des Buddhismus verstanden wird, verhilft uns zur Ganzheit und unterstützt uns darin, tief in uns hinein und um uns herum zu schauen, um zu erkennen, was wirklich ist. Die Energie, die in der Meditation genutzt wird, ist Achtsamkeit; tief schauen heißt, mit der Achtsamkeit die Nischen unseres Geistes auszuleuchten oder ins Herz der Dinge zu blicken, um ihre wahre Natur zu erkennen. Wenn Achtsamkeit vorhanden ist, findet Meditation statt. Achtsamkeit hilft uns, die wahre Natur des Meditationsobjekts zu verstehen (ob es sich dabei nun um eine Wahrnehmung, eine Emotion, eine Handlung, eine Reaktion, die Präsenz einer Person oder eines Objektes handelt).

Durch tiefes Schauen erlangt der oder die Meditierende Einsicht, *prajñā* oder Weisheit. Diese Einsicht besitzt die Kraft, uns von unserem Leiden und unseren Fesseln zu befreien. Im Prozeß der Meditation lösen sich die Ketten, innere Blockaden des Leidens, wie Angst, Verzweiflung und Haß werden verwandelt, Beziehungen mit Menschen und der Natur werden einfacher, Freiheit und Freude beginnen vorzuherrschen. Wir fangen an, bewußt wahrzunehmen, was in uns und um uns herum vorgeht; in unserem Alltagsleben sind wir frischer und lebendiger. In dem Maße, in dem wir selbst freier und glücklicher werden, hören wir auf, uns auf eine Art und Weise zu verhalten, die anderen Leid bereitet, und werden fähig, um uns herum Veränderungen zu bewirken und anderen dabei zu helfen, selbst frei zu werden. Während der Meditation wird die Energie der Achtsamkeit stetig erzeugt, genährt und gestärkt. Der oder die Übende der Meditation gleicht einer erblühenden Lotusblume. Buddhas sind voll erblühte menschliche Blumen, schön und erfrischend. Wir alle sind werdende Buddhas. Aus diesem Grund begrüßen sich Übende in einem Meditationszentrum, indem sie mit ihren Händen einen Lotus formen, sich verbeugen und sagen: „Einen Lotus für dich, werdender Buddha." Während sie einatmend sagen „Einen Lotus für dich" und ausatmend und lächelnd „werdender Buddha", nehmen sie selbst die Erscheinung einer Blume an.

Möglicherweise können Sie auch ohne einen Lehrer oder eine Sangha, eine buddhistische Gemeinschaft von Übenden, ganz auf sich allein gestellt, meditieren. Aber eigentlich muß es nicht einmal gesagt werden, daß die Übung mit einem Lehrer und in einer Sangha sehr viel ratsamer und auch sehr viel leichter ist. Ein Lehrer ist jemand, der Erfahrung mit der Praxis hat, der sie gemeistert hat. Eine Sangha ist eine Gemeinschaft von Meditierenden, die alle mehr oder weniger der gleichen Praxis folgen. Da alle dieselbe Praxis machen, wird es für Sie einfacher, ebenfalls zu üben, weil die Gruppenergie, die von der Sangha ausgeht, kraftvoll und sehr unterstützend ist. Darüber hinaus können Sie von den Mitgliedern der Sangha eine Menge lernen, besonders von denen, die bereits einen gewissen Grad an Frieden und Transformation verwirklicht haben. Wenn Sie es allein versuchen, wird Ihnen vieles wahrscheinlich schwerfallen, in Gegenwart der Sangha geht es jedoch ganz leicht. Alle, die mit einer Sangha geübt haben, können das bestätigen.

Sollten Sie (noch) keinen Lehrer und keine Freunde auf dem Pfad haben, kann Ihnen dieses Buch am Anfang weiterhelfen. Die Themen, die für die folgenden Meditationsübungen ausgewählt wurden, stammen alle aus den grundlegenden Dhyana-Sūtras des Ursprungs- und des Mahayana-Buddhismus. Meditation, wie sie in diesem Buch gelehrt wird, ist die Übung, die der Buddha selbst vervollkommnet und gelehrt hat. Alle Übungen wurden von einer großen Gemeinschaft von Meditationsschülern angewendet, bevor sie hier mitgeteilt wurden. Da Sie sich also auf die Übung einer erprobten und vervollkommneten Praxis stützen, können Sie sich im Prozeß der Meditation sicher fühlen. Sie brauchen keinerlei Bedenken zu haben, die Meditation sofort anzuwenden, selbst wenn Sie noch nicht die Möglichkeit hatten, einem Lehrer zu begegnen oder eine Sangha zu finden.

In der buddhistischen Tradition, sehen wir die Sangha als eine der Drei Juwelen. (Die Drei Juwelen sind Buddha, Dharma und Sangha.) Wie wir es sehen, sind die Drei Juwelen bereits jetzt in Ihrem Herzen. Ihre eigene innere Sangha kann Sie zu einer Sangha in Ihrer Nähe führen. Vielleicht gibt es schon eine Sangha, einen Lehrer ganz in Ihrer Nähe, und Sie haben es nur noch nicht gemerkt. Mit den Übungen dieses Buches werden Sie die Energie der Achtsamkeit erzeugen, die Sie vielleicht mit einem Lehrer und einer Gemeinschaft in Kontakt bringt. Dieses Buch kann ein Vermittler zwischen Ihnen und einem Lehrer, einer Sangha sein. Lassen Sie es seine Rolle spielen.

*E*inleitung

Meditation kann praktisch überall und unter allen Umständen geübt werden – im Sitzen, Gehen, Liegen, Stehen, selbst beim Arbeiten, Essen und Trinken. Die Sitzpraxis ist nur die bekannteste Form der Meditation. Daß wir uns an dieser Form der Übung freuen dürfen, ist für uns das größte Privileg. Es gibt jedoch viele weitere Meditationsformen zu entdecken. Während der letzten zehn Jahre sind viele tausend Menschen nach Plum Village gekommen, um Meditation zu üben. Von Zeit zu Zeit wurden ihnen auch geleitete Übungen während der Sitzmeditation angeboten. Wer an stilles Sitzen während der Meditation gewöhnt ist, fühlt sich oft anfangs mit diesen Übungen nicht besonders wohl. Mit fortgesetzter Praxis allerdings werden die vielfältigen Vorzüge der geleiteten Meditation deutlich, und schließlich erlebt man Transformation auf einer sehr fundamentalen Ebene. Im Laufe der Jahre haben mich viele Meditationsschüler aus der ganzen Welt gebeten, diese Übungen möglichst vielen Menschen zugänglich zu machen.

Die geleiteten Meditationen in diesem Buch haben verschiedene Ziele. Einige Übungen sollen die Freude in uns verstärken; andere befähigen uns, unsere wahre Natur zu entdecken, helfen uns heilen, entzünden das Licht des Gewahrseins in uns oder befreien uns von schmerzlichen Emotionen. Einige Übungen erfüllen verschiedene Zwecke gleichzeitig. Die Praktiken, die unseren Körper und Geist erfrischen und stärken, sollten häufig geübt werden. Diese Übungen könnte man als Nahrung für die Freude bezeichnen. (In der Dhyana-Schule gibt es den Ausdruck „Meditation als Nahrung für die Freude". Das heißt, daß das Gefühl der Freude, das durch die Meditationspraxis in uns entsteht, uns nährt und erhält. Während wir zu Mittag zeremoniell Reis darbringen, sagen wir: *„Da wir diese Nahrung empfangen, beten wir, daß alle Wesen durch die Freude der Meditationspraxis und die Glückseligkeit des Dharma genährt werden und zur Erkenntnis der vollen Wahrheit geführt werden mögen."*) Die Übungen eins bis vier eignen sich besonders gut für diesen Zweck. Sie verbinden uns mit den erfrischenden und gesunden Elementen sowohl in uns selbst als auch in der Welt um uns herum. Sie helfen uns, den ablenkenden Gedanken ein Ende zu setzen, indem sie uns zum gegenwärtigen Moment zurückbringen, ins Hier und Jetzt, wo wir der Einheit von Körper und Geist gewahr werden können. Sie werden als nährende Übungen bezeichnet, stellen aber auch die innere Ausgewogenheit wieder her und versetzen so Körper und Geist in die Lage, mit der Arbeit des Heilens beginnen zu können. Andere Übungen helfen uns, den Kontakt nicht nur mit uns selbst, unserem Körper und Geist, sondern auch mit der Welt, mit Familie und Gesellschaft wiederherzustellen. Auf diese Weise lernen wir, Gefühle der Entfremdung, der Einsamkeit und der Isolation zu überwinden, und fangen an, neue Wege zu entdecken, wie wir als Teil der Welt in der Welt leben können. Einige Übungen stellen unsere Ganzheit wieder her; in anderen lernen wir loszulassen. Die Übenden können nach ihrer eigenen Erfahrung beurteilen, welche der Praktiken ihren speziellen Bedürfnissen und Umständen am besten gerecht werden.

Der Meditationsleiter

Diejenigen, die ausgewählt werden, Sitzmeditation anzuleiten, sollten in der Meditation erfahren sein; das heißt, sie sollten selbst eine innere Transformation erlebt haben. Sie sollten wissen, wie man während der Meditation die Glocke bestimmt und ohne Eile einlädt[1], damit ihr Klang einen stabilen und ruhigen Zustand ausdrückt und den Geist in einen entsprechenden Zustand versetzen kann.

Die Stimme des Meditationsleiters/der Meditationsleiterin sollte weder zu laut noch zu leise sein. Sie sollte inspirieren und gleichzeitig besänftigen. Der Meditationsleiter muß für die Bedürfnisse der Teilnehmer empfänglich sein. So, wie ein Arzt die passende Medizin für den jeweiligen Patienten finden muß, so muß der Meditationsleiter die geeigneten Übungen für die jeweilige Teilnehmerschaft auswählen. Das Thema der geleiteten Meditation sowie ihr zeitlicher Ablauf müssen auf diese

1   Wir sagen niemals die Glocke „anschlagen", denn für uns ist die Glocke eine Freundin, die uns zu vollständigem Verstehen erwecken kann. Wir sprechen vom „Einladen" der Glocke, das heißt, wir laden sie ein zu erklingen.

Einsicht gegründet sein. Wenn die Teilnehmer nach jeder geleiteten Meditationssitzung Freude und Gelassenheit empfinden, kann man sagen, der Meditationsleiter habe seine Aufgabe erfüllt.

Die beste Art und Weise der Übung

Bevor man irgendeine der Übungen macht, ist es wichtig, daß man ihre Funktion verstanden hat. Gewöhnlich nimmt sich die Person, die die Meditation anleitet, am Anfang fünf bis sieben Minuten Zeit, um die Übung zu erklären. In diesem Buch werden die grundlegenden Richtlinien jeder Übung vorangestellt. Eine einzelne Praxis kann über mehrere Meditationssitzungen geübt werden. Nach jeder Sitzung sollte der Meditationsleiter sich die Reaktionen der Teilnehmer anhören, damit er die Meditation in den folgenden Sitzungen besser auf ihre speziellen Bedürfnisse einstellen kann. Die Übenden brauchen genügend Zeit, um sich mit jeder Stufe der Meditation vertraut machen zu können. So ist zum Beispiel jedes Einatmen mit einem Bild verbunden und das Ausatmen mit einem anderen, das oft auf dem vorherigen aufbaut. Es ist sehr viel einfacher und nützlicher, mit einem Bild zu meditieren als mit einer abstrakten Idee. Der Meditationsleiter sollte den Teilnehmern mindestens zehn bis zwölf Atemzüge gönnen, um sich auszurichten. In der Tat sollte jede Meditationssitzung mit einigen Minuten achtsamen Atmens beginnen, damit die Teilnehmer Zeit haben, ihren Geist zur Ruhe zu bringen und sich der Freude der Meditation zu öffnen. Die Glocke sollte nicht mit einem vollen Klang eingeladen werden, um die Übenden nicht zu überraschen. Der Meditationsleiter sollte die Glocke nur

wecken[2], bevor er zur nächsten Stufe der Übung übergeht.

Die Stimme des Meditationsleiters sollte dem Geist
und dem Bild, auf das sich die Teilnehmer konzentrieren, lebendigen Ausdruck verleihen. Das erfordert
schon ein wenig Übung, und alle Teilnehmer sollten
sich im Lauf der Zeit in der Rolle des Meditationsleiters
üben, damit sie selbst irgendwann in der Lage sind, anderen auf diese Weise zu helfen.

Atmen und tiefes Schauen

Zu atmen und gleichzeitig zu wissen, daß wir atmen, ist
eine ganz grundlegende Übung. Niemand kann in der
Kunst der Meditation wirklich Erfolg haben, ohne
durch das Tor des Atems zu gehen. Die Übung des bewußten Atmens öffnet die Tür zum *Innehalten* und *tiefen
Schauen*, was uns schließlich in die Domäne von Konzentration und Einsicht führt. Der Meditationsmeister
Tang Hoi, erster Patriarch der Dhyana-Schule Vietnams
(drittes Jahrhundert), sagte, daß „*Anapanasati* (sich des
Atems bewußt sein) das große Fahrzeug sei, das die
Buddhas den Lebewesen zum Geschenk gemacht hätten" (aus dem Vorwort zum Anapanasati-Sūtra). Bewußtes Atmen ist der Weg in jede Form meditativer
Konzentration. Bewußtes Atmen führt uns darüber
hinaus zu den grundlegenden Erkenntnissen der Vergänglichkeit, der Leerheit, des abhängigen Entstehens,

2   Die Glocke zu wecken, bedeutet, sie mit dem Einlader fest zu berühren,
aber nicht wieder loszulassen. Das ergibt einen gedämpften Ton. Einem „Erwecken" folgt immer ein Einatmen und ein Ausatmen, dann kann der volle
Ton eingeladen werden. Das Erzeugen des vollen Tons nennen wir das Einladen der Glocke.

der Wesenslosigkeit und der Nicht-Dualität von allem, was ist. Es stimmt zwar, daß man *Innehalten* und *tiefes Schauen* auch ohne bewußtes Atmen üben kann, aber dennoch stellt das bewußte Atmen den sichersten und wirkungsvollsten Weg für uns dar. Daher bedienen sich alle hier vorgestellten Übungen des bewußten Atmens. Der Atem trägt das Bild, und das Bild sprengt die Türen auf, die von unseren falschen Wahrnehmungen verschlossen wurden.

„Sie müssen bloß sitzen"

Während Sie Sitzmeditation üben, müssen Sie vollkommen gelassen sein. Jeder Muskel Ihres Körpers sollte entspannt sein, Ihre Gesichtsmuskeln eingeschlossen. Am wirkungsvollsten entspannen Sie die Muskeln Ihres Körpers, indem Sie beim Atmen leise lächeln. Die Wirbelsäule sollten Sie möglichst aufrecht halten, ohne jedoch den Körper zu verspannen. Diese Haltung wird Sie entspannen, und Sie können das Gefühl der Gelassenheit genießen. Geben Sie sich nicht allzuviel Mühe, strengen Sie sich nicht an, kämpfen Sie nicht. Lassen Sie alles los, während Sie sitzen. Damit verhindern Sie Schmerzen im Rücken, in den Schultern oder im Kopf. Wenn Sie ein Kissen finden, das Ihrem Körper gut gerecht wird, können Sie sehr lange sitzen, ohne müde zu werden.

Manche Menschen wissen nicht so recht, was sie beim Sitzen tun sollen. Sie haben eine korrekte Sitzhaltung gelernt, wissen aber nicht, wie sie ihre Atmung leicht und gleichmäßig werden lassen können. Die hier vorgestellten Übungen werden ihnen helfen, die Einheit von Körper und Geist zu erkennen. Zumindest werden sie lernen, daß man durchaus „etwas" tun kann, während man sitzt. *„Sie müssen bloß sitzen"* ist eine Ermahnung der Tao Dong (Soto) Meditation. Es bedeutet, daß Sie sitzen sollen, ohne auf ein Wunder zu warten – einschließlich des Wunders der Erleuchtung. Wenn Sie immer in Erwartung sitzen, können Sie mit dem gegenwärtigen Moment, der immer die Gesamtheit des Lebens enthält, nicht in Kontakt kommen oder ihn genießen. *Sitzen* bedeutet in diesem Zusammenhang auf erwachte Art und Weise zu sitzen, entspannt aber mit einem wachen Geist, ruhig und klar. Nur das kann man *sitzen* nennen, und es bedarf eines langen Trainings und ausreichender Übung.

Ablehnende Reaktionen auf die geleitete Meditation

Manche Menschen finden den Klang der Glocke oder das gesprochene Wort während der Meditationssitzung störend. An Stille während der Meditation gewöhnt, haben sie das Gefühl, ihr Frieden und ihre Freude würden ihnen in der geleiteten Meditation genommen. Das ist nicht schwer nachzuvollziehen. In der stillen Meditation können Sie Ihren Körper und Ihren Geist zur Ruhe bringen. Und Sie möchten nicht, daß irgend jemand diesen Zustand von Leichtigkeit, Frieden und Freude stört. Wenn Sie sich aber damit schon zufriedengeben, können Sie auf dem Weg zu einer Transformation in der Tiefe Ihres Bewußtseins nicht weit kommen. Es gibt Menschen, die meditieren, bloß um die Komplikationen und Probleme des Lebens zu vergessen, wie Hasen, die sich unter einer Hecke zusammendrücken, um dem Jäger zu entgehen, oder Menschen, die in einem Keller Schutz vor Bomben suchen. Das Gefühl von Sicherheit und Schutz entsteht ganz von selbst, wenn wir in Meditation sitzen, aber wir können nicht ständig in diesem Zustand verharren. Wir brauchen Tatkraft und Stärke, um aus unserer Meditationshalle wieder ins Leben zurückzukehren, denn nur dann können wir unsere Welt verändern. Die geleitete Meditation gibt uns die Möglichkeit, tief in den Geist zu schauen, heilsame Samen in ihm anzulegen und diese Samen dann zu stärken und zu pflegen, damit sie zu Mitteln werden können, um das Leid in uns zu transformieren. Schließlich können wir in der Meditation auch angeleitet werden, diesem Leid von Angesicht zu Angesicht zu begegnen, um seine Wurzelursache zu verstehen und endlich von seinen Fesseln frei zu werden.

Geleitete Meditation ist keine neue Erfindung. Sie wurde bereits zu Lebzeiten des Buddha von Übenden angewendet. Den entsprechenden Nachweis finden wir im Sūtra für die Kranken und Sterbenden (Ekottara Agama, Kapitel 51, Sūtra 8; Madhyama Agama, Sūtra 26; Majjhima Nikaya, Sūtra 143). Dieses Sūtra berichtet von einer geleiteten Meditation, die Sariputra benutzte, um dem Laienanhänger Anatapindika zu helfen, der krank auf dem Sterbebett lag. Der ehrwürdige Sariputra leitete Anatapindika Schritt für Schritt, bis dieser in der Lage war, die Angst vor dem Tod zu transformieren. Das Anapanasati-Sūtra stellt ebenfalls eine geleitete Meditation dar. Kurz, geleitete Meditation ist von Anfang an Teil der buddhistischen Tradition gewesen.

Die geleiteten Meditationsübungen in diesem Buch können vielen Praktizierenden helfen, indem sie ihre Sitzmeditation konkreter machen. Ihrer Systematik wegen könnten diese Übungen möglicherweise sogar eine neue Ära in der Praxis der Sitzmeditation einleiten.

Der Atem, die Glocke, die Leitsätze und die Schlüsselworte

Die Leiterin der geführten Meditation erzeugt zuerst einen „Weck"-Klang am Rand der Glocke, um die Aufmerksamkeit der Gemeinschaft zu wecken. Sie sollte fünf bis sechs Sekunden verstreichen lassen, bevor sie die beiden *Leitsätze* liest. Zum Beispiel (aus Übung vier):

Einatmend sehe ich mich als Blume.
Ausatmend fühle ich mich frisch.

Danach spricht sie die Schlüsselworte (die verdichtete Form der Leitsätze):

Blume / frisch

Ein voller Glockenklang läutet die Übungsphase ein. Nach fünf-, zehn-, fünfzehn- oder mehrmaligem Ein- und Ausatmen, lädt die Leiterin wieder einen Weckklang ein, läßt fünf bis sechs Sekunden verstreichen und liest dann die nächsten beiden Leitsätze.

Einige Übungen haben das Ein- und Ausatmen zum alleinigen Objekt der Achtsamkeit und Konzentration. Zum Beispiel (aus Übung zwei):

Einatmend weiß ich, daß ich einatme.
Ausatmend weiß ich, daß ich ausatme.

In anderen Übungen trägt der Atem ein Bild. Dieses Bild wird visualisiert und während des gesamten Ein- oder Ausatmens aufrechterhalten. Das Bild steht in enger Beziehung zum Atem. Zum Beispiel (aus Übung vier):

Einatmend sehe ich mich als Berg.
Ausatmend fühle ich mich fest.

Atmen und Singen

Bevor man mit einem Dharmagespräch oder -vortrag beginnt, ist es stets ratsam, zu sitzen und mit Musikbegleitung zu atmen. Eine Person singt, während eine andere ein Instrument spielt und eine dritte das Atmen der Sangha leitet. Sie können die Lieder benutzen, die im Zusammenhang mit den Übungen hier abgedruckt sind. Die Person, die das Atmen der Sangha leitet, kann mit dem Gesicht zur Gemeinschaft sitzen. Sie gleicht dem Dirigenten eines Orchesters. Während sie einatmet, führt sie ihre Hand zum Herzen (am besten berührt man eine Stelle, die etwas höher liegt als das physische Herz). Während sie ausatmet, führt sie ihre Hand wieder vom Herzen weg. Die Sängerin oder der Instrumentalist beobachtet sie, um das richtige Tempo zu halten. Wenn die Teilnehmer hauptsächlich Kinder sind, atmet die Leiterin etwas weniger langsam als für Erwachsene. Wenn sie das Lied „Ein, Aus" benutzt, singt die Sängerin „ein", während die Leiterin ihre Hand zum Herzen führt, und wenn sie ihre Hand wieder vom Herzen wegführt, singt sie „aus". Wenn sie ihre Hand das nächste Mal zum Herzen führt, wird das Wort „tief" gesungen und dann das Wort „langsam" und so weiter. Bei dem Lied „Ich atme ein, ich atme aus" werden die Worte ganz natürlich vom Zeichen für Einatmen und Ausatmen begleitet. Gleichermaßen wird „Und ich blühe, wie die Blume" von einem Einatemzug begleitet und „Ich bin frisch, wie der Tau" von einem Ausatemzug und so weiter. Während sie dem Lied lauscht, atmet die ganze Sangha unisono zusammen. Am Ende des Liedes folgen alle ihrem Atem auf dieselbe Weise weiter, und jeder sagt die Worte innerlich still für sich. Jetzt werden die Worte nicht mehr gesungen, das Instrument kann jedoch noch weitergespielt werden. Wenn niemand ein Instrument spielen kann, übt die Gemeinschaft still. Die Person, die das Atmen leitet, weiß exakt, wieviele Atemzüge es braucht, um das Lied zu Ende zu bringen. Nachdem sie die genaue Anzahl von Atemzügen still gezählt hat, gibt sie der Sängerin ein Zeichen, das Lied noch einmal, wie oben beschrieben, vorzusingen. Danach sind alle Übenden sehr entspannt, und die Gemeinschaft ist bereit, mit der Belehrung oder dem Gespräch zu beginnen.

Meditationsübungen

Übung *eins*

*Freude der Meditation
als Nahrung (Stärkung)*

1. Einatmend beruhige ich   Ruhig
   meinen Körper.
   Ausatmend lächle ich.   Lächeln

2. Einatmend weile ich im   Gegenwärtiger
   gegenwärtigen Augenblick.   Augenblick
   Ausatmend weiß ich,
   daß es ein wunderbarer   Wunderbarer
   Augenblick ist.   Augenblick

Viele Menschen beginnen die Praxis der Sitzmeditation mit Hilfe dieser Übung. Und weil sie so wirksam ist, üben auch diejenigen, die schon seit vielen Jahren meditieren, sie immer noch weiter.

Wenn Sie einatmen, zollen Sie dem Einatmen Ihre ganze Aufmerksamkeit. Wo immer der Atem im Körper hinkommt, spüren Sie die Ruhe, die er bringt. So, als würden Sie an einem heißen Tag kühles Wasser trinken, fühlen Sie, wie der Atem den inneren Organen des Körpers Kühlung bringt. In der Meditation ist der Geist ruhig, wenn der Körper ruhig ist. Bewußtes Atmen bringt Körper und Geist zur Einheit. Beim Ausatmen lächeln Sie, um alle Gesichtsmuskeln zu entspannen (im Gesicht verrichten etwa dreihundert Muskeln ihre Arbeit). Das Nervensystem entspannt sich gleichzeitig. Das Halblächeln kann man einerseits als Zeichen der Ruhe werten, die durch das Einatmen entstanden ist, andererseits ist es selbst ein Mittel, um Gelassenheit und ein klareres Gewahrsein von Frieden und Freude herbeizuführen. Das bewußte Atmen sollte während fünf, zehn oder sogar fünfzehn Ein- und Ausatmungen geübt werden, bevor man zur nächsten Stufe der Übung übergeht.

Stufe zwei der Übung führt uns zum gegenwärtigen Augenblick zurück. Wir setzen den Anhaftungen der Vergangenheit und den ängstlichen Erwartungen der Zukunft ein Ende. Das Leben ist nur in der Gegenwart verfügbar. Wir müssen zu *diesem* Augenblick zurückkehren, um mit dem Leben, wie es wirklich ist, in Berührung zu sein. Zu wissen, daß wir lebendig sind, daß wir mit allen Wundern in uns und um uns herum in Berührung sein können, ist ein wahrhaftiges Wunder. Wir müssen nur unsere Augen öffnen und aufmerksam lauschen, um den Reichtum des Lebens zu genießen. Indem wir das achtsame Atmen nutzen, können wir den gegenwärtigen Augenblick in einen Moment voll des Wunders und der Schönheit verwandeln.

Diese Übung kann jederzeit und unter allen Umständen angewendet werden: in der Meditationshalle, in der Küche, am Flußufer, im Park, wenn wir gehen oder stillstehen, liegen oder sitzen, selbst wenn wir arbeiten.

Übung *zwei*

Freude der Meditation als Nahrung

1. Einatmend weiß ich,
   daß ich einatme.
   Ausatmend weiß ich,
   daß ich ausatme.

   Ein

   Aus

2. Einatmend wird mein
   Atem tief.
   Ausatmend wird mein
   Atem langsam.

   Tief

   Langsam

3. Einatmend bin ich
   mir meines Körpers bewußt.
   Ausatmend entspanne ich
   meinen Körper.

   Des Körpers bewußt

   Den Körper
   entspannen

4. Einatmend beruhige ich
   meinen Körper.
   Ausatmend sorge ich für
   meinen Körper.

   Den Körper
   beruhigen
   Für den Körper
   sorgen

5. Einatmend lächle ich
   meinem Körper zu.

   Dem Körper
   zulächeln

Ausatmend entspanne ich
meinen Körper.

Den Körper
entspannen

6. Einatmend lächle ich
meinem Körper zu.

Dem Körper
zulächeln

Ausatmend löse ich
die Verspannungen
in meinem Körper.

Verspannungen
lösen

7. Einatmend empfinde ich
Freude (am Leben).

Freude empfinden

Ausatmend empfinde ich
Glück.

Glück empfinden

8. Einatmend weile ich
im gegenwärtigen
Augenblick.

Präsent sein

Ausatmend genieße ich
den gegenwärtigen
Augenblick.

Freude

9. Einatmend bin ich
mir meiner gefestigten
Haltung bewußt.

Gefestigte Haltung

Ausatmend erfreue ich
mich meiner Festigkeit.

Freude

Diese Übung ist einfach und angenehm, bringt jedoch viele gute Ergebnisse. Sie kann Menschen, die gerade erst mit der Meditation beginnen, bereits einen Vorgeschmack der reinen Freude geben, die aus der Übung schließlich entsteht. Darüber hinaus können diejenigen, die schon seit einigen Jahren praktizieren, diese Übung nutzen, um Körper und Geist zu nähren und auf dem Pfad der Meditation fortzuschreiten.

In der ersten Stufe (ein, aus) wird der Atem identifiziert. Wenn er einatmet, muß der Übende wissen, daß er einatmet. Wenn sie ausatmet, muß die Übende wissen, daß sie ausatmet. Wenn er sich nur einige wenige Male auf den Atem konzentriert, wird der Übende ganz von selbst damit aufhören, über die Vergangenheit oder die Zukunft nachzudenken, und so den zerstreuten Gedanken ein Ende setzen. Das wird möglich, weil der Geist des Meditierenden in seiner Beschäftigung, Ein- und Ausatmen zu identifizieren, ganz mit dem Atem verbunden ist. Auf diese Weise ist der Meditierende eins mit dem Atem geworden. Sein Geist ist nicht länger ein ängstlicher Geist oder ein denkender Geist, sondern einfach ein atmender Geist.

In der zweiten Stufe erkennen wir, daß das Einatmen bereits tiefer geworden ist und das Ausatmen sich verlangsamt hat. Dieser Prozeß geschieht von selbst und erfordert keinerlei Mühe seitens des Meditierenden. Zu atmen und sich bewußt zu sein, daß man atmet (wie in Stufe eins der Übung), läßt den Atem ganz natürlich tiefer, langsamer und gleichmäßiger werden. Mit anderen Worten: Das Atmen bekommt mehr Qualität. Wenn das Atmen gleichmäßig, ruhig und rhythmisch geworden ist, empfindet der Übende Frieden und Freude sowohl im Körper als auch im Geist. Die Ruhe des Atmens bringt die Ruhe des Körpers und des Geistes mit sich. An diesem Punkt beginnt der Meditierende die Meditation als Nahrung für die Freude zu erleben.

Die dritte Stufe (Gewahrsein des ganzen Körpers, Entspannen des ganzen Körpers) bringt den Geist mit dem Einatmen heim in den Körper, und der Geist gewinnt Vertrautheit mit dem Körper. Das Atmen ist die Brücke, die den Meditierenden vom Körper zum Geist und vom Geist zum Körper trägt. Die Funktion des Ausatmens ist es, den ganzen Körper zu beruhigen. Mit dem Ausatmen läßt der Meditierende alle Muskeln in den Schulter, den Armen und im ganzen Körper sich entspannen. Auf diese Weise verbreitet sich im ganzen Körper ein angenehmes Gefühl der Gelassenheit. Diese Stufe sollte mindestens zehn Atemzüge lang geübt werden.

Die vierte Stufe (den Körper beruhigen, für den Körper sorgen) beruhigt die Körperfunktionen mit dem Einatmen. Mit dem Ausatmen bringt der Meditierende ein von Herzen kommendes Mitgefühl für die Bedürfnisse des Körpers zum Ausdruck. Wenn der Meditierende die dritte Stufe fortgesetzt übt, beruhigt sich der Atem zutiefst und hilft dem Übenden, seinen Körper mit tiefem Respekt und echter Fürsorge zu behandeln.

Die fünfte Stufe (dem ganzen Körper zulächeln, den Körper entspannen) bringt allen (Gesichts-)Muskeln tiefe Entspannung. Der Meditierende sendet das Halblächeln durch den ganzen Körper, als wäre es ein frischer, kühler Wasserstrom. Den Körper zu entspannen, bedeutet, sich leicht zu fühlen. Diese Stufe der Übung nährt den gesamten Körper durch das Mitgefühl des Meditierenden.

Die sechste Stufe (dem Körper zulächeln, Verspannungen im Körper lösen) ist eine Weiterführung der fünften Stufe. Hier hilft der Atem, alle noch im Körper verbliebenen Spannungen zu lösen.

Die siebte Stufe (Freude empfinden, Glück empfinden) bringt das Gewahrsein einer Empfindung von Freude, wenn der Meditierende einatmet. Es ist die Freude, lebendig zu sein, sich guter Gesundheit zu erfreuen (das ist gleichbedeutend mit „in Achtsamkeit leben"), fähig zu sein, den Körper gemeinsam mit der Seele zu nähren. Das Ausatmen bringt ein Gefühl des Glücks. Sitzen zu können, ohne etwas anderes tun zu müssen, als bewußt zu atmen, ist ein großes Glück. Viele Menschen hüpfen wie Jo-Jos durch ihr geschäftiges Leben und haben niemals das Glück, die Freude des Meditierenden zu kosten.

Die achte Stufe (gegenwärtiger Augenblick, wunderbarer Augenblick) bringt den Meditierenden mit dem Einatmen zurück zum gegenwärtigen Moment. Der Buddha lehrte, daß die Vergangenheit bereits vergangen und die Zukunft noch nicht gekommen ist, daß wir das Leben also nur im *jetzigen* Geschehen finden. In der Gegenwart zu weilen, bedeutet, wirklich ins Leben zurückzukehren. Nur im gegenwärtigen Moment ist der Meditierende wirklich mit den Wundern des Lebens in Kontakt. Friede, Freude, Befreiung, die Buddha-Natur und das Nirvana können nirgends sonst gefunden werden. Glück liegt im gegenwärtigen Augenblick. Das Einatmen hilft dem Meditierenden, mit diesem Glück in Kontakt zu sein. Auch das Ausatmen läßt den Meditierenden viel Glück empfinden, und darum sagt er „wunderbarer Augenblick".

Die neunte Stufe (gefestigte Haltung, Freude) festigt den Meditierenden in der Sitzhaltung, die er eingenommen hat. Sie hilft einer Haltung, die noch nicht aufrecht, noch nicht schön ist, aufrecht und schön zu werden. Eine stabile Sitzhaltung bringt die Gelassenheit und Freude dieser Stabilität. Der Meditierende wird Meister seines Körpers und seines Geistes und damit nicht mehr hin und her gezerrt von den verschiedenen Aktivitäten des Körpers, der Sprache und des Geistes, in denen man sich sonst leicht verliert.

Übung drei

Freude der Meditation als Nahrung

1. Einatmend weiß ich,　　　　　Ein
   daß ich einatme.
   Ausatmend weiß ich,　　　　　Aus
   daß ich ausatme.

2. Einatmend wird mein　　　　　Tief
   Atem tief.
   Ausatmend wird mein　　　　　Langsam
   Atem langsam.

3. Einatmend fühle ich　　　　　Ruhig
   mich ruhig.
   Ausatmend fühle ich　　　　　Leicht
   mich leicht.

4. Einatmend lächle ich.　　　　Lächeln
   Ausatmend werde
   ich frei.　　　　　　　　　　Frei

5. Im gegenwärtigen Augenblick　Gegenwärtiger
   weilend,　　　　　　　　　　Augenblick

Weiß ich, daß es ein	Wundervoller
wundervoller	Augenblick
Augenblick ist.	

Auch diese Übung kann überall praktiziert werden, in der Meditationshalle, im Wohnzimmer, in der Küche oder in der Eisenbahn.

Die erste Stufe ist darauf ausgerichtet, Körper und Geist zur Einheit zurückzubringen. Gleichzeitig soll sie uns helfen, ins Hier und Jetzt zurückzukehren, um uns mit dem Wunder des jetzt stattfindenden Lebens zu verbinden. Wenn wir drei oder vier Minuten lang in diesem Geist atmen, wird unser Atem ganz von selbst leichter, gelassener, sanfter, langsamer und tiefer, und ganz natürlich fühlen wir uns in Körper und Geist wohler. Das ist die zweite Stufe, „tief, langsam." Auf dieser Stufe können wir verweilen, solange wir möchten. Danach kommen wir zu „ruhig, leicht." Hier können wir eine noch tiefere Ruhe finden (Sanskrit: *prasrabdhis*), eine große Ruhe von Körper und Geist, wo die Freude der Meditation uns fortgesetzt nährt. Die beiden letzten Stufen wurden schon in Übung zwei besprochen. Das Gatha können wir auswendig lernen, und es läßt sich auch singen.

In Out, Deep Slow

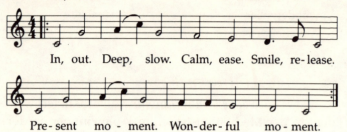

In, out. Deep, slow. Calm, ease. Smile, re-lease.

Pre-sent mo-ment. Won-der-ful mo-ment.

Ein, aus. Tief, langsam

Ein, aus. Tief, langsam. Ruhig, leicht. Lächelnd, frei.
Dieser Augenblick. Wunderbarer Augenblick.

*Ü*bung *vier*

Freude der Meditation als Nahrung

1. Einatmend weiß ich, daß ich einatme.   Ein
   Ausatmend weiß ich, daß ich ausatme.   Aus

2. Einatmend sehe ich mich als Blume.   Blume
   Ausatmend fühle ich mich frisch.   Frisch

3. Einatmend sehe ich mich als Berg.   Berg
   Ausatmend fühle ich mich fest.   Fest

4. Einatmend sehe ich mich als ruhiges Wasser.   Ruhiges Wasser
   Ausatmend spiegele ich alles, was ist.   Spiegeln

5. Einatmend sehe ich mich als Raum.   Raum
   Ausatmend fühle ich mich frei.   Frei

Diese Übung kann im ersten Teil jeder Meditationssitzung gemacht werden oder während der ganzen Meditationsperiode. Sie beruhigt und nährt Körper und Geist und befähigt den Meditierenden, loszulassen und Freiheit zu gewinnen.

Die erste Stufe sollte so lange geübt werden, wie Körper und Geist brauchen, um eins zu werden. Die zweite Stufe ruft ein Gefühl der Frische hervor. Ein Mensch sollte frisch sein wie eine Blume, denn tatsächlich sind wir Menschen eine Sorte Blumen im Garten aller Phänomene. Wir brauchen nur die Schönheit von Kindern zu betrachten, um zu erkennen, daß Menschen in der Tat Blumen sind. Zwei runde Augen sind Blumen. Die klare Gesichtsfarbe und die sanfte Stirn sind Blumen. Die beiden Hände sind eine Blume… Nur weil wir uns Sorgen machen, wird unsere Stirn faltig. Nur weil wir soviel weinen und so viele Nächte schlaflos verbringen, sind unsere Augen getrübt. Wir atmen ein, um die Blume in uns wiederherzustellen. Dieses Einatmen macht die Blume in uns wieder lebendig. Der ausströmende Atem hilft uns, gewahr zu sein, daß wir die Fähigkeit haben, frisch wie eine Blume zu sein, daß wir es gerade jetzt sind. Dieses Gewahrsein gießt unsere Blume; durch diese Übung entwickeln wir liebevolle Güte für uns selbst.

Die dritte Stufe, „Berg, fest", hilft uns, standhaft zu bleiben, wenn wir von heftigen Gefühlen erschüttert werden. Wann immer wir Verzweiflung, Angst oder Zorn fühlen, werden wir direkt ins Herz eines Wirbelsturms getragen. Wir sind dann wie ein Baum im Sturm. Wenn wir nach oben schauen, sehen wir unsere Zweige sich hin und her biegen, als wären sie im Begriff, jeden Augenblick zu brechen und vom Sturm davongeblasen zu werden. Wenn wir aber nach unten schauen, wissen wir, daß die Wurzeln des Baumes fest im Boden verankert sind, und wir fühlen uns stabiler und ruhiger.

Körper und Geist sind ähnlich beschaffen. Wenn in uns ein Wirbelsturm von Emotionen losbricht, werden wir nicht davongeweht, wenn wir wissen, wie wir uns vor dem Sturm zurückziehen können – das heißt, wenn wir uns vom Aufruhr in unserem Kopf zurückziehen können. Wir müssen unsere Aufmerksamkeit an einen Ort im Unterleib, etwa zwei fingerbreit unterhalb des Nabels bringen und tief und langsam nach der Formel „Berg, fest" atmen. Wenn wir das tun, werden wir erkennen, daß wir nicht bloß unsere Emotionen sind. Emotionen kommen und gehen, aber wir sind immer da. Wenn wir von Emotionen beherrscht sind, fühlen wir uns sehr unsicher und verletzlich; wir fühlen uns vielleicht sogar in Gefahr, das Leben selbst zu verlieren. Manche Menschen können mit ihren starken Emotionen nicht umgehen. Wenn sie sehr unter Verzweiflung, Angst oder Haß leiden, glauben sie, ihr Leid ließe sich nur dadurch beenden, daß sie sich das Leben nehmen. Wer aber in Meditation zu sitzen weiß und die Atemübung „Berg, fest" kennt, kann solche Zeiten der Schwierigkeiten und des Leidens durchstehen.

Diese Übung kann man, bequem auf dem Rücken ruhend, im Liegen machen. Die ganze Aufmerksamkeit sollte dabei auf das Heben und Senken der Bauchdecke gerichtet sein. Das wird uns in die Lage versetzen, die Sturmregion zu verlassen, und wir wissen, daß wir nie wieder dorthin zurückzukehren brauchen. Dennoch sollten wir nicht warten, bis wir uns in Schwierigkeiten befinden, um mit der Praxis zu beginnen. Wenn uns die Übung nicht zur Gewohnheit geworden ist, vergessen wir sie, und unsere Emotionen werden wieder einmal die Oberhand gewinnen und uns unter Druck setzen.

Wir sollten täglich üben und die Übung zu einer guten Gewohnheit werden lassen. Auf diese Weise werden wir schmerzliche Gefühle ganz natürlich lösen und transformieren können, sobald sie sich einstellen. Zusätzlich können wir diese Übung auch junge Menschen lehren und sie so in die Lage versetzen, mit ihren stürmischen Perioden besser umzugehen.

„Ruhiges Wasser, spiegeln" ist die vierte Stufe, die der Beruhigung von Körper und Geist dienen soll. Im Anapanasati-Sūtra lehrt der Buddha: „Einatmend beruhige ich meinen Geist…" Dabei handelt es sich essentiell um dieselbe Übung. Das Bild des klaren Wassers, das wir hier benutzen, macht die Praxis einfach nur leichter. Wenn unser Geist nicht ruhig ist, sind unsere Wahrnehmungen gewöhnlich getrübt; was wir sehen, hören und denken, gibt nicht die Wahrheit der Dinge wieder, so, wie die Oberfläche eines Sees, wenn sie von Wellen aufgewühlt ist, die Wolken nicht klar spiegeln kann.

Buddha ist der kühlende Mond,
der über den Himmel umfassender Leerheit zieht.
Kommt der Geist der Wesen zur Ruhe,
spiegelt er den Mond in voller Schönheit.

Unsere Sorgen, unsere Schmerzen und unser Zorn entstehen aus unseren falschen Wahrnehmungen. Wenn wir diese falschen Wahrnehmungen verhindern wollen, müssen wir uns darin üben, den Geist still zu machen wie die Oberfläche eines ruhigen Sees. Diese Arbeit verrichtet der Atem.

„Raum, frei", ist die fünfte Stufe. Wenn wir zu viele Dinge im Kopf haben, uns zu viele Sorgen machen, haben wir keine Klarheit, keinen Frieden und keine Freude. Daher ist es die Funktion dieser Übung, für uns selbst Raum zu schaffen, Raum in unseren Herzen und Raum um uns herum. Wir müssen uns von den Ängsten und Projekten befreien, die uns belasten. Auf die gleiche Weise sollten wir mit Sorgen und Ärger umgehen. Wir müssen uns darin üben, die Dinge loszulassen, die wir ohne Notwendigkeit mit uns herumschleppen. Diese Art von Gepäck macht das Leben nur schwer, selbst wenn es manchmal so aussieht, als könnten wir ohne all das nicht glücklich sein – zum Beispiel ohne diesen Titel, jene hohe Position, ohne Ruhm, Erfolg und Menschen, die uns nachlaufen. Wenn wir allerdings genauer hinschauen, sehen wir, daß all dies Gepäck häufig nichts weiter ist als ein Hindernis für unser Glück. Wenn wir es einfach absetzen könnten, wären wir glücklich. „Buddha ist der kühlende Mond, / der über den Himmel umfassender Leerheit zieht..." Dieser Himmel umfassender Leerheit ist grenzenloser Raum. Darum ist das Glück eines Buddha so groß. Eines Tages saß der Buddha im Wald bei Vaisali, als ein Bauer vorbeikam. Der Bauer fragte den Buddha, ob er seine Rinderherde gesehen habe, die ihm ausgebrochen war. Er erzählte dem Buddha auch, daß er im selben Jahr schon viel von seiner Sesamernte verloren habe, als zwei Hektar seiner Felder von Raupen kahlgefressen worden waren, und klagte, daß er wohl einer der unglücklichsten Menschen auf Erden sei. Vielleicht, so jammerte er, solle er seinem Leben besser ein Ende setzen. Der Buddha schickte ihn in eine andere Richtung. Nachdem der Bauer gegangen war, wandte sich der Buddha seinen Mönchen zu, die bei ihm saßen, und lächelte. Er sagte: „Bhiksus, seid ihr euch eures Glücks und eurer Freiheit bewußt? Ihr habt keine Kühe, die zu verlieren ihr fürchten müßtet." Diese Übung anzuwenden, hilft uns, unsere Kühe loszulassen, die Kühe unseres Geistes und die Kühe, die wir um uns herum angesammelt haben. Auch diese Übung kann man singen:

Breathing In, Breathing Out

Breath-ing in, breath-ing out. Breath-ing in, breath-ing out. I am bloom-ing as a flow-er. I am fresh as the dew. I am sol-id as a moun-tain. I am firm as the earth. I am free. Breath-ing in, breath-ing out. Breath-ing in, breath-ing out. I am wa-ter re-flect-ing what is real, what is true, and I feel there is space deep in-side of me. I am free, I am free, I am free.

Ich atme ein, ich atme aus

Ich atme ein, ich atme aus.
Ich atme ein, ich atme aus.
Und ich blühe wie die Blume.
Ich bin frisch wie der Tau.
Ruhig und stark wie die Berge,
Wie die Erde so fest.
Ich bin frei.

Ich atme ein, ich atme aus.
Ich atme ein, ich atme aus.
Ich bin Wasser, das spiegelt,
Was wirklich ist und wahr.

Und ganz tief in meinem Innern,
fühl' ich weiten, weiten Raum.
Ich bin frei.
Ich bin frei.
Ich bin frei.

Übung fünf
Zufluchtnahme

1. Einatmend komme ich
   zu mir selbst zurück.
   Ausatmend nehme ich
   Zuflucht zur Insel in
   mir selbst.

   Zurückkommen

   Meine Insel

2. Einatmend ist meine
   Achtsamkeit der Buddha.
   Ausatmend strahlt meine
   Achtsamkeit nah und fern.

   Buddha ist
   Achtsamkeit

   Strahlt nah und fern

3. Einatmend ist mein
   bewußter Atem
   der Dharma.
   Ausatmend schützt
   der bewußte Atem
   Körper und Geist.

   Dharma ist bewußter
   Atem

   Schützt Körper und
   Geist

4. Einatmend sind meine fünf
   Skandhas die Sangha.
   Ausatmend üben meine
   Skandhas in Harmonie.

   Skandhas sind
   Sangha

   Üben in Harmonie

Obwohl auch diese Praxis überall und zu jeder Zeit geübt werden kann, ist sie dann von besonderem Nutzen, wenn wir uns in einem Zustand von Angst und Aufgewühltheit befinden und nicht mehr weiter wissen. Sie ist ein Mittel, um Zuflucht bei Buddha, Dharma und Sangha zu finden. Diese Übung führt uns direkt an einen Ort des Friedens und der Stabilität, an den ruhigsten und verläßlichsten Ort, den wir finden können. Der Buddha lehrte: „Sei dir selbst eine Insel. Du mußt die Zuflucht in dir selbst suchen, nicht anderswo." Diese Insel ist rechte Achtsamkeit, die erwachte Natur, die Grundlage von Stabilität und Ruhe, die uns allen innewohnt. Diese Insel ist rechte Belehrung, die unseren Pfad beleuchtet und uns erkennen hilft, was wir tun und was wir lassen sollten. Schließlich ist diese Insel der Sanghakaya (Körper der Gemeinschaft). In jedem Mitglied des Gemeinschaftskörpers müssen die fünf Skandhas, die Elemente von Körper und Geist, im Einklang miteinander stehen. Das heißt: Unsere eigenen Skandhas müssen in Harmonie sein, bevor wir in Harmonie mit anderen leben können. Wenn die fünf Skandhas sich in Harmonie befinden, ist rechtes Handeln, das Frieden bringt, die ganz natürlich Folge. Wir merken, daß unser Nervensystem und unser Herz Ausgeglichenheit und Ruhe finden. Achtsames Atmen selbst bringt diese Ausgeglichenheit hervor. Wenn uns in Zeiten großer Not bewußt wird, daß wir bereits unser Bestmögliches tun, gibt es keinen Grund mehr, aufgeregt oder ängstlich zu sein. Wäre es möglich, irgend etwas Besseres zu tun als das? „Eine Insel bin ich mir selbst" ist ein Lied, das uns hilft, das Gatha auswendig zu lernen:

Be - ing an is - land un - to my - self. As an

is - land un - to my - self. Bud - dha is my

mind-ful-ness. Shin-ing far, shin-ing near. Dhar-ma is my

breath-ing, guard-ing bo- dy and mind. I am free.

Be - ing an is - land un - to my - self. As an

is-land un-to my-self. San- gha is my skan-dhas, work-ing

in har-mo-ny. Tak-ing re-fuge in my-self. Com-ing

back to my - self. I am free, I am free, I am free.

Eine Insel bin ich mir selbst

Eine Insel bin ich mir selbst.
Bin eine Insel für mich selbst.
Meine Achtsamkeit ist Buddha,
leuchtet fern, leuchtet nah.
Und mein Atem ist das Dharma,
es schützt Körper und Geist.
Ich bin frei.

Eine Insel bin ich mir selbst.
Bin eine Insel für mich selbst.
Meine Skandhas sind die Sangha,
wirkend in Harmonie.
Ich nehm' Zuflucht zu mir selbst.
Und komm' zu mir zurück.
Ich bin frei.
Ich bin frei.
Ich bin frei.

Mal angenommen, Sie befänden sich an Bord eines Flugzeugs, und der Pilot würde ansagen, daß es Probleme gibt und die Maschine abzustürzen drohe. Dann würde diese Übung Sie in die Lage versetzen, sich zu beruhigen und Ihren Geist zu klären. Indem Sie Buddha, Dharma und Sangha zu Ihrer eigenen Insel zurückbringen und sie dort scheinen lassen, können Sie Frieden finden. Selbst wenn Sie tatsächlich sterben müßten, wären Sie imstande, in Schönheit zu sterben, so, wie Sie in Achtsamkeit schön gelebt haben. Sie hätten in diesem Augenblick genug Ruhe und Klarheit, um genau zu wissen, was Sie tun und was Sie lassen müssen.

*Ü*bung *sechs*
Berühren, Verbinden

1. Einatmend bin ich mir
   des Haares auf meinem
   Kopf bewußt.
   Ausatmend lächle ich
   dem Haar auf meinem
   Kopf zu.

   Haar

   Lächeln

2. Einatmend bin ich mir
   meiner Augen bewußt.
   Ausatmend lächle ich
   meinen Augen zu.

   Augen

   Lächeln

3. Einatmend bin ich mir
   meiner Ohren bewußt.
   Ausatmend lächle ich
   meinen Ohren zu.

   Ohren

   Lächeln

4. Einatmend bin ich mir
   meiner Zähne bewußt.
   Ausatmend lächle ich
   meinen Zähnen zu.

   Zähne

   Lächeln

5. Einatmend bin ich mir   Lachen
   meines Lachens bewußt.
   Ausatmend lächle ich   Lächeln
   meinem Lachen zu.

6. Einatmend bin ich mir   Schultern
   meiner Schultern bewußt.
   Ausatmend lächle ich   Lächeln
   meinen Schultern zu.

7. Einatmend bin ich mir   Arme
   meiner Arme bewußt.
   Ausatmend lächle ich   Lächeln
   meinen Armen zu.

8. Einatmend bin ich mir   Lungen
   meiner Lungen bewußt.
   Ausatmend lächle ich   Lächeln
   meinen Lungen zu.

9. Einatmend bin ich mir   Herz
   meines Herzens bewußt.
   Ausatmend lächle ich   Lächeln
   meinem Herzen zu.

10. Einatmend bin ich mir   Leber
    meiner Leber bewußt.
    Ausatmend lächle ich   Lächeln
    meiner Leber zu.

11. Einatmend bin ich mir   Gedärme
    meiner Gedärme bewußt.
    Ausatmend lächle ich   Lächeln
    meinen Gedärmen zu.

12. Einatmend bin ich mir   Nieren
    meiner Nieren bewußt.
    Ausatmend lächle ich   Lächeln
    meinen Nieren zu.

13. Einatmend bin ich mir   Füße
    meiner Füße bewußt.
    Ausatmend lächle ich   Lächeln
    meinen Füßen zu.

14. Einatmend bin ich mir   Zehen
    meiner Zehen bewußt.
    Ausatmend lächle ich   Lächeln
    meinen Zehen zu.

Diese Übung hilft den Meditierenden, mehr in
Einklang mit ihrem Körper zu kommen. Mit dem Einatmen wird ein bestimmter Teil des Körpers berührt: Augen, Ohren, Herz, Lunge und so weiter. Das Ausatmen
lächelt diesen Körperteilen zu. Das Halblächeln kann
besänftigen und heilen. Es drückt Fürsorge und Zuneigung für den Körper aus. Die Lunge, das Herz und die
Leber arbeiten jahrzehntelang sehr hart, aber wie oft
nehmen wir uns die Zeit, ihnen Aufmerksamkeit zu zollen oder Mitgefühl zu erweisen? Wir übersehen nicht
nur, wenn diese Körperteile erschöpft und aus dem Takt
sind, sondern häufig behandeln wir sie auch noch auf
brutalste Weise und schwächen sie zusätzlich. Alkohol
zerstört die Leber. Falsches Atmen schwächt die Lungen, macht sie anfällig für Krankheiten und beeinflußt
gleichzeitig die anderen Organe unseres Körpers nega-
tiv. Wenn wir ständig ängstlich, besorgt und überemp-

findlich sind und zuviel Fett essen, setzen wir die Gesundheit unseres Herzens aufs Spiel. Indem wir jedoch bewußt atmen und uns mit den verschiedenen Körperteilen in Verbindung setzen, lernen wir unseren Körper kennen und verstehen und finden auf ganz konkrete Weise heraus, wie wir ihm Frieden und Freude bringen können. Der Friede und die Freude unseres Körpers ist nichts anderes als unser eigener Friede, unsere eigene Freude. Diese Übung ist eine Liebesmeditation für den Körper. Wenn wir unseren eigenen Körper nicht lieben, wie können wir dann irgend jemanden lieben?

Wenn Sie diese Übung zum ersten Mal machen, finden Sie sie vielleicht zu einfach. Aber nachdem Sie ein wenig mit ihr vertraut geworden sind, werden Sie merken, wie wichtig sie ist. Zuerst erkennen Sie nur jeden Teil Ihres Körpers an und lächeln ihm zu. Später werden Sie allmählich jeden einzelnen Teil sehr klar und tiefgehend wahrnehmen können. Jedes Haar und jede Körperzelle enthält sämtliche notwendigen Informationen, um das ganze Universum zu formen. Das ist die Lehre der wechselseitigen Bedingung und Durchdringung, die wir im Avatamsaka-Sūtra finden. Jedes Haar auf Ihrem Kopf ist eine Botschaft des Universums. Sie können das Erwachen verwirklichen, indem Sie über ein einzelnes Haar meditieren.

Wenn Sie allein üben, können Sie diese Praxis auch im Liegen anwenden, um sich zu entspannen oder um einzuschlafen.

Übung sieben
Berühren, Heilen

1. In Kontakt mit der Luft   Die Luft berühren
   atme ich ein.
   Mit der Luft lächelnd,   Lächeln
   atme ich aus.

2. In Kontakt mit der reinen   Reine Bergluft
   Bergluft atme ich ein.
   Mit der reinen Bergluft   Lächeln
   lächelnd, atme ich aus.

3. In Kontakt mit der reinen   Reine Landluft
   Landluft atme ich ein.
   Mit der reinen Landluft   Lächeln
   lächelnd, atme ich aus.

4. In Kontakt mit dem kühlen   Kühles Wasser
   Wasser atme ich ein.
   Mit dem kühlen Wasser   Lächeln
   lächelnd, atme ich aus.

5. In Kontakt mit dem klaren   Klarer Strom
   Strom atme ich ein.

52

Mit dem klaren Strom   Lächeln
lächelnd, atme ich aus.

6. In Kontakt mit dem   Schnee auf den
   Schnee auf den Bergen   Bergen
   atme ich ein.
   Mit dem Schnee auf   Lächeln
   den Bergen lächelnd,
   atme ich aus.

7. In Kontakt mit dem weiten   Weiter Ozean
   Ozean atme ich ein.
   Mit dem weiten Ozean   Lächeln
   lächelnd, atme ich aus.

8. In Kontakt mit den   Arktische Eisflächen
   arktischen Eisflächen
   atme ich ein.
   Mit den arktischen   Lächeln
   Eisflächen lächelnd,
   atme ich aus.

9. In Kontakt mit den   Wolken am Himmel
   Wolken am blauen
   Himmel atme ich ein.
   Mit den Wolken am   Lächeln
   Himmel lächelnd,
   atme ich aus.

10. In Kontakt mit dem   Sonnenschein
    Sonnenschein atme ich ein.
    Mit dem Sonnenschein   Lächeln
    lächelnd, atme ich aus.

11. In Kontakt mit den   Bäume
    Bäumen atme ich ein.
    Mit den Bäumen   Lächeln
    lächelnd, atme ich aus.

12. In Kontakt mit den   Kinder
    Kindern atme ich ein.
    Mit den Kindern   Lächeln
    lächelnd, atme ich aus.

13. In Kontakt mit den   Menschen
    Menschen atme ich ein.
    Mit den Menschen   Lächeln
    lächelnd, atme ich aus.

14. In Kontakt mit dem Gesang   Singende Vögel
    der Vögel atme ich ein.
    Mit den singenden Vögeln   Lächeln
    lächelnd, atme ich aus.

15. In Kontakt mit dem   Himmel
    Himmel atme ich ein.
    Mit dem Himmel   Lächeln
    lächelnd, atme ich aus.

16. In Kontakt mit den   Blumen
    Blumen atme ich ein.
    Mit den Blumen   Lächeln
    lächelnd, atme ich aus.

17. In Kontakt mit dem   Frühling
    Frühling atme ich ein.
    Mit dem Frühling   Lächeln
    lächelnd, atme ich aus.

18. In Kontakt mit dem   Sommer
    Sommer atme ich ein.
    Mit dem Sommer   Lächeln
    lächelnd, atme ich aus.

19. In Kontakt mit dem   Herbst
    Herbst atme ich ein.
    Mit dem Herbst   Lächeln
    lächelnd, atme ich aus.

Übung acht
Berühren, Verbinden

1. Im Gewahrsein meiner
   Augen atme ich ein.
   Im Gewahrsein des
   Lichts atme ich aus.

   Gewahrsein der
   Augen
   Gewahrsein des
   Lichts

2. Im Gewahrsein meiner
   Ohren atme ich ein.
   Im Gewahrsein des
   Klangs atme ich aus.

   Gewahrsein der
   Ohren
   Gewahrsein des
   Klangs

3. Im Gewahrsein meiner
   Ohren atme ich ein.
   Im Gewahrsein eines
   Schmerzensschreis
   atme ich aus.

   Gewahrsein der
   Ohren
   Gewahrsein eines
   Schmerzensschreis

4. Im Gewahrsein meiner
   Ohren atme ich ein.
   Im Gewahrsein von
   Gesang atme ich aus.

   Gewahrsein der
   Ohren
   Gewahrsein von
   Gesang

5. Im Gewahrsein meiner
   Ohren atme ich ein.
   Im Gewahrsein des Klangs
   des Regens atme ich aus.

   Gewahrsein der
   Ohren
   Gewahrsein des
   Regenklangs

6. Im Gewahrsein meiner
   Ohren atme ich ein.
   Im Gewahrsein des
   Lachens atme ich aus.

   Gewahrsein der
   Ohren
   Gewahrsein des
   Lachens

7. Im Gewahrsein meiner
   Ohren atme ich ein.
   Im Gewahrsein der Stille
   atme ich aus.

   Gewahrsein der
   Ohren
   Gewahrsein der Stille

8. Im Gewahrsein meiner
   Haut atme ich ein.
   Im Gewahrsein der
   Berührung atme ich aus.

   Gewahrsein der Haut

   Gewahrsein der
   Berührung

9. Im Gewahrsein meiner
   Haut atme ich ein.
   Im Gewahrsein von
   Sonne auf meiner
   Haut atme ich aus.

   Gewahrsein der Haut

   Gewahrsein der
   Sonne

10. Im Gewahrsein meiner
    Haut atme ich ein.
    Im Gewahrsein von
    kühlem Wasser auf meiner
    Haut atme ich aus.

    Gewahrsein der Haut

    Gewahrsein kühlen
    Wassers

11. Im Gewahrsein meiner
    Haut atme ich ein.

    Gewahrsein der Haut

Im Gewahrsein von Eis auf
meiner Haut atme ich aus.

Gewahrsein von Eis

12. Im Gewahrsein meiner
Haut atme ich ein.
Im Gewahrsein der
Berührung der Rinde eines
Baumes atme ich aus.

Gewahrsein der Haut

Berührung der Rinde

13. Im Gewahrsein meiner
Haut atme ich ein.
Im Gewahrsein der
Berührung eines
Regenwurmes atme ich aus.

Gewahrsein der Haut

Berührung des
Regenwurmes

14. Im Gewahrsein meiner
Zähne atme ich ein.
Im Gewahrsein eines Apfels
atme ich aus.

Gewahrsein der
Zähne
Gewahrsein eines
Apfels

15. Im Gewahrsein meiner
Zähne atme ich ein.
Im Gewahrsein von
Zahnschmerzen atme ich aus.

Gewahrsein der
Zähne
Gewahrsein von
Zahnschmerzen

16. Im Gewahrsein meiner
Zähne atme ich ein.
Im Gewahrsein von
Zitronensaft atme ich aus.

Gewahrsein der
Zähne
Gewahrsein von
Zitronensaft

17. Im Gewahrsein meiner
Zähne atme ich ein.
Im Gewahrsein des
Zahnarztbohrers atme ich aus.

Gewahrsein der
Zähne
Gewahrsein des
Zahnarztbohrers

18. Im Gewahrsein meiner
    Zunge atme ich ein.
    Im Gewahrsein des
    Geschmacks von
    Orangensaft atme ich aus.

    Gewahrsein der
    Zunge

    Geschmack von
    Orangensaft

19. Im Gewahrsein meiner
    Zunge atme ich ein.
    Im Gewahrsein des
    Geschmacks einer
    Zitrone atme ich aus.

    Gewahrsein der
    Zunge

    Geschmack einer
    Zitrone

20. Im Gewahrsein meiner
    Zunge atme ich ein.
    Im Gewahrsein des
    Geschmacks von
    Salzwasser atme ich aus.

    Gewahrsein der
    Zunge

    Geschmack von
    Salzwasser

21. Im Gewahrsein meiner
    Zunge atme ich ein.
    Im Gewahrsein des
    Geschmacks von scharfem
    Pfeffer atme ich aus.

    Gewahrsein der
    Zunge

    Geschmack scharfen
    Pfeffers

22. Im Gewahrsein meiner
    Lunge atme ich ein.
    Im Gewahrsein der
    Gerüche atme ich aus.

    Gewahrsein der
    Lunge
    Gewahrsein von
    Gerüchen

23. Im Gewahrsein meiner
    Lunge atme ich ein.
    Im Gewahrsein des
    Duftes von frischem
    Gras atme ich aus.

    Gewahrsein der
    Lunge
    Geruch von frischem
    Gras

24. Im Gewahrsein meiner   Gewahrsein der
    Lunge atme ich ein.   Lunge
    Im Gewahrsein des Duftes   Geruch von Rosen
    von Rosen atme ich aus.

25. Im Gewahrsein meiner   Gewahrsein der
    Lunge atme ich ein.   Lunge
    Im Gewahrsein des Geruchs   Geruch von Mist
    von Mist atme ich aus.

26. Im Gewahrsein meiner   Gewahrsein der
    Lunge atme ich ein.   Lunge
    Im Gewahrsein
    von Zigarettenrauch   Zigarettenrauch
    atme ich aus.

27. Im Gewahrsein meiner   Gewahrsein der
    Lunge atme ich ein.   Lunge
    Im Gewahrsein des Geruchs   Geruch des Meeres
    des Meeres atme ich aus.

28. Im Gewahrsein meiner   Gewahrsein der Leber
    Leber atme ich ein.
    Im Gewahrsein des   Geschmack von Wein
    Geschmacks von Wein
    atme ich aus.

29. Im Gewahrsein meiner   Gewahrsein der Leber
    Leber atme ich ein.
    Im Gewahrsein fettigen   Gewahrsein fettigen
    Essens atme ich aus.   Essens

30. Im Gewahrsein meiner   Gewahrsein der Leber
    Leber atme ich ein.

Im Gewahrsein der gelben Hautfarbe durch eine kranke Leber atme ich aus.	Gewahrsein der gelben Hautfarbe
31. Im Gewahrsein meiner Füße atme ich ein. Im Gewahrsein meiner Schuhe atme ich aus.	Gewahrsein der Füße Gewahrsein der Schuhe
32. Im Gewahrsein meiner Füße atme ich ein. Im Gewahrsein von jungem Gras atme ich aus.	Gewahrsein der Füße Junges Gras
33. Im Gewahrsein meiner Füße atme ich ein. Im Gewahrsein des Sandes am Strand atme ich aus.	Gewahrsein der Füße Sand am Strand
34. Im Gewahrsein meiner Füße atme ich ein. Im Gewahrsein eines Dorns atme ich aus.	Gewahrsein der Füße Gewahrsein eines Dorns
35. Im Gewahrsein meiner Füße atme ich ein. Im Gewahrsein eines Ameisenhaufens atme ich aus.	Gewahrsein der Füße Gewahrsein eines Ameisenhaufens

Diese beiden Übungen helfen uns, mit heilsamen und frischen Dingen in Kontakt zu kommen, die die Fähigkeit haben, uns zu heilen. Weil unser Geist von der

Angst so oft in einen Zustand der Verwirrung geworfen wird, haben wir die Fähigkeit verloren, mit den wunderbaren Dingen des Lebens in Kontakt zu kommen. Es ist, als stünde eine Mauer zwischen uns und dem Reichtum der Welt dort draußen, und wir sind empfindungslos geworden für die heilenden Dinge in der Welt, weil wir sie nicht erreichen können.

Wenn Sie die beiden Übungen machen, sind Sie vielleicht nicht direkt in Kontakt mit den Dingen, auf die Sie sich dabei konzentrieren sollen. Dennoch können Sie – mit Hilfe der Erinnerungen, die von Ihren fünf Sinnen im Bewußtsein gespeichert wurden – eine Begegnung herstellen. Wenn Sie ihnen wirklich begegnen möchten, können Sie diese Bilder aus Ihrem Innern hervorrufen. Wenn Sie das bewußte Atmen und die Kraft Ihrer Konzentration einsetzen, wird der Kontakt mit diesen Bildern Ihnen zu der Entdeckung verhelfen, daß Ihre Fähigkeit zu fühlen noch intakt ist. Nachdem Sie diese Übungen gemacht haben, können Sie ins Freie gehen und mit ihren *sechs* Sinnesorganen – Augen, Ohren, Nase, Zunge, Körper und Geist (damit ist jede Geistesregung gemeint, nicht nur der meditierende Geist) – weitere Verbindungen zu allen guten Dingen in Ihrer Umgebung herstellen. Sie werden erleben, daß die Außenwelt heller und schöner ist als zuvor, denn Sie haben der Vergeßlichkeit ein Ende gesetzt und das Licht der Achtsamkeit entzündet. Jetzt können Sie wieder von allem Schönen im Leben genährt werden.

*Ü*bung *neun*

Tiefes Schauen

1. Einatmend bin ich mir
   meines Körpers bewußt.
   Ausatmend lächle ich
   meinem Körper zu.

   Des Körpers bewußt

   Lächeln

2. Einatmend bin ich mir
   des Elements Erde in
   mir bewußt.
   Ausatmend lächle ich dem
   Element Erde in mir zu.

   Der Erde bewußt

   Lächeln

3. Einatmend bin ich mir
   des Elements Wasser in
   mir bewußt.
   Ausatmend lächle ich dem
   Element Wasser in mir zu.

   Des Wassers bewußt

   Lächeln

4. Einatmend bin ich mir
   des Elements Feuer in
   mir bewußt.
   Ausatmend lächle ich dem
   Element Feuer in mir zu.

   Des Feuers bewußt

   Lächeln

5. Einatmend bin ich mir
des Elements Luft in
mir bewußt.
Ausatmend lächle ich dem
Element Luft in mir zu.

Der Luft bewußt

Lächeln

6. Einatmend bin ich mir
des Elements Raum in
mir bewußt.
Ausatmend lächle ich dem
Element Raum in mir zu.

Des Raums bewußt

Lächeln

7. Einatmend bin ich mir
des Elements Bewußtsein in
mir bewußt.
Ausatmend lächle ich dem
Element Bewußtsein in mir zu.

Des Bewußtseins
bewußt

Lächeln

8. Einatmend erkenne ich das
Element Erde überall.
Ausatmend lächle ich dem
Element Erde überall zu.

Erde erkennen

Lächeln

9. Einatmend sehe ich,
daß das Element Erde Wasser,
Feuer, Luft, Raum und
Bewußtsein enthält.
Ausatmend sehe ich,
daß die Erde Wasser,
Feuer, Luft, Raum und
Bewußtsein ist.

Erde enthält die
anderen Elemente

Erde ist die anderen
Elemente

10. Einatmend erkenne ich das
Element Wasser überall.

Wasser erkennen

Ausatmend lächle ich dem
Element Wasser überall zu.

Lächeln

11. Einatmend sehe ich,
daß das Element Wasser
Erde, Feuer, Luft, Raum und
Bewußtsein enthält.

Wasser enthält die
anderen Elemente

Ausatmend sehe ich,
daß das Wasser Erde,
Feuer, Luft, Raum und
Bewußtsein ist.

Wasser ist die
anderen Elemente

12. Einatmend erkenne ich das
Element Feuer überall.

Feuer erkennen

Ausatmend lächle ich dem
Element Feuer überall zu.

Lächeln

13. Einatmend sehe ich,
daß das Element Feuer Erde,
Wasser, Luft, Raum und
Bewußtsein enthält.

Feuer enthält die
anderen Elemente

Ausatmend sehe ich, daß das
Feuer Erde, Wasser, Luft,
Raum und Bewußtsein ist.

Feuer ist die anderen
Elemente

14. Einatmend erkenne ich das
Element Luft überall.

Luft erkennen

Ausatmend lächle ich dem
Element Luft überall zu.

Lächeln

15. Einatmend sehe ich,
daß das Element Luft Erde,
Wasser, Feuer, Raum und
Bewußtsein enthält.

Luft enthält die
anderen Elemente

Ausatmend sehe ich, daß die
Luft Erde, Wasser, Feuer,
Raum und Bewußtsein ist.

Luft ist die anderen
Elemente

16. Einatmend erkenne ich das
Element Raum überall.
Ausatmend lächle ich dem
Element Raum überall zu.

Raum erkennen

Lächeln

17. Einatmend sehe ich,
daß das Element Raum Erde,
Wasser, Feuer, Luft und
Bewußtsein enthält.
Ausatmend sehe ich, daß der
Raum Erde, Wasser, Feuer,
Luft und Bewußtsein ist.

Raum enthält die
anderen Elemente

Raum ist die anderen
Elemente

18. Einatmend erkenne ich das
Element Bewußtsein überall.
Ausatmend lächle ich
dem Element Bewußtsein
überall zu.

Bewußtsein erkennen

Lächeln

19. Einatmend sehe ich,
daß das Element Bewußtsein
Erde, Wasser, Feuer, Luft
und Raum enthält.
Ausatmend sehe ich, daß das
Bewußtsein Erde, Wasser,
Feuer, Luft und Raum ist.

Bewußtsein enthält
die anderen
Elemente.

Bewußtsein ist die
anderen Elemente.

Diese Übung führt uns zu einer Beobachtung der sechs Elemente, die sowohl den menschlichen Organismus als auch das Universum ausmachen. Die sechs Elemte sind Erde, Wasser, Feuer, Luft, Raum und Bewußtsein. Erde steht für die Festigkeit, Wasser für die Flüssigkeit, Feuer für Wärme und Hitze und Luft für die Beweglichkeit der Dinge. Raum und Bewußtsein sind die Natur der ersten vier Elemente und bilden den Rahmen für diese. Wenn wir einatmen, sehen wir die Erde in uns. Wenn wir ausatmen, erkennen wir die Erde an und lächeln ihr zu. Die Erde ist die Mutter, die uns gebiert, und unsere Mutter ist direkt in uns. Wir sind mit unserer Mutter eins; wir sind eins mit der Erde. Jeden Augenblick kommt die Erde in uns hinein. Auch das Gemüse, das wir essen, ist Erde. Wenn wir meditieren, sollten wir der Erde in konkreten Bildern begegnen. Wenn wir über Wasser meditieren, sollten wir das Wasser in unserem Blut, in unserem Speichel, unserer Galle und unserem Schweiß sehen, und wir sollten dem Wasser anerkennend zulächeln. Unser Körper besteht zu etwa 70 Prozent aus Wasser. Ebenso können wir Luft und Raum in unserem Körper wahrnehmen. Wenn wir tief schauen, erkennen wir, daß alle Elemente voneinander abhängen. Die Luft zum Beispiel wird vom Wald genährt. Der Wald braucht Luft, die in den Baumsaft übergeht, um Chlorophyll zu erzeugen. Das pflanzliche Leben, einschließlich des Gemüses, das wir essen, braucht die Erde und die Sonnenwärme zum wachsen. Weder Raum noch feste Materie könnten eins ohne das andere existieren. In den Sūtras wird gelehrt, daß Form auch Geist ist, und wir können sehen, daß Bewußtsein jede Zelle unseres Körpers durchdringt. Das Bewußtsein erhält den Körper, und der Körper erhält das Bewußtsein.

Wenn wir anfangen, über Erde, Wasser, Feuer, Luft, Raum und Bewußtsein außerhalb unseres Körpers zu meditieren, kommen wir zu der Erkenntnis, daß diese sechs Elemente das gesamte Universum durchdringen. Allmählich beginnt uns zu dämmern, daß wir und das Universum eins sind. Das Universum ist unsere Basis, und wir sind die Basis des Universums. Das Zusammenfinden und Zerfallen eines Körpers fügt dem Universum weder etwas hinzu, noch nimmt es ihm etwas weg. Die Sonne ist für unseren Körper genauso wesentlich wie unser Herz. Der Wald ist für unseren Körper genauso wesentlich wie die Lunge. Unser Körper ist auf den Fluß ebenso angewiesen wie auf das Blut. Wenn wir fortgesetzt so meditieren, werden wir erkennen, daß wir die Grenzen zwischen „Ich" und „Nicht-Ich" loslassen können. Dadurch überwinden wir die Unterscheidung zwischen Geburt und Tod, Sein und Nicht-Sein und schließlich jegliche Angst. Gemäß der Lehren vom abhängigen Entstehen kommt das *Eine* zustande durch *alles*, und *alles* ist im *Einen* gegenwärtig. Darum enthält das Erdelement die Elemente Wasser, Feuer, Luft, Raum und Bewußtsein. Das Erdelement kann als das ganze Universum enthaltend erkannt werden. Das Paliwort *kasiṇa* (Sanskrit: *kṛtsna*) wird manchmal mit „Zeichen" übersetzt und bezieht sich auf das Zeichen, daß wir das Objekt unserer Meditation verwirklicht haben. Die ursprüngliche Bedeutung des Wortes lautet jedoch „Ganzheit", und wenn unsere Meditation tief genug ist, erkennen wir, daß jedes Element alle anderen enthält. Eine solche Praxis nennt man *kṛtsnāyatanabhāvanā*, sich darin üben, in die Ganzheit einzutreten. In der Übung von *kṛtsnāyatanabhāvanā* können wir auch über Farben meditieren: Blau, Rot, Weiß und Gelb. Diese vier Farben und die sechs Elemente ergeben zusammen zehn Übungen des Eintritts in die Ganzheit. Auch Farben sind sowohl im Universum als auch in uns gegenwärtig, wobei jede Farbe wiederum alle anderen Farben enthält und auch die sechs Elemente, die ebenfalls in uns und im ganzen Universum sind.

Übung *zehn*
Tiefes Schauen

1. Einatmend bin ich mir   Haar
   des Haares auf meinem
   Kopf bewußt.
   Ausatmend sehe ich die   Vergänglich
   Vergänglichkeit des Haares
   auf meinem Kopf.

2. Einatmend bin ich mir   Augen
   meiner Augen bewußt.
   Ausatmend sehe ich die   Vergänglich
   Vergänglichkeit meiner
   Augen.

3. Einatmend bin ich mir   Ohren
   meiner Ohren bewußt.
   Ausatmend sehe ich die   Vergänglich
   Vergänglichkeit meiner Ohren.

4. Einatmend bin ich mir   Nase
   meiner Nase bewußt.
   Ausatmend sehe ich die   Vergänglich
   Vergänglichkeit meiner Nase.

5. Einatmend bin ich mir   Zunge
   meiner Zunge bewußt.
   Ausatmend sehe ich die   Vergänglich
   Vergänglichkeit meiner
   Zunge.

6. Einatmend bin ich mir   Herz
   meines Herzens bewußt.
   Ausatmend sehe ich die   Vergänglich
   Vergänglichkeit meines
   Herzens.

7. Einatmend bin ich mir   Leber
   meiner Leber bewußt.
   Ausatmend sehe ich die   Vergänglich
   Vergänglichkeit meiner Leber.

8. Einatmend bin ich mir   Lunge
   meiner Lunge bewußt.
   Ausatmend sehe ich die   Vergänglich
   Vergänglichkeit meiner
   Lunge.

9. Einatmend bin ich mir   Gedärme
   meiner Gedärme bewußt.
   Ausatmend sehe ich die   Vergänglich
   Vergänglichkeit meiner
   Gedärme.

10. Einatmend bin ich mir   Nieren
    meiner Nieren bewußt.
    Ausatmend sehe ich die   Vergänglich
    Vergänglichkeit meiner
    Nieren.

11. Einatmend bin ich mir meines Körpers bewußt.	Körper
Ausatmend sehe ich die Vergänglichkeit meines Körpers.	Vergänglich
12. Einatmend bin ich mir der Welt bewußt.	Die Welt
Ausatmend sehe ich die Vergänglichkeit der Welt.	Vergänglich
13. Einatmend bin ich mir meiner Nation bewußt.	Nation
Ausatmend sehe ich die Vergänglichkeit meiner Nation.	Vergänglich
14. Einatmend bin ich mir der Regierungen bewußt.	Regierungen
Ausatmend sehe ich die Vergänglichkeit von Regierungen.	Vergänglich

Diese Übung hilft uns, die vergängliche Natur von allem anzuerkennen. Die Arbeit, alles in Achtsamkeit anzuerkennen, führt uns zu einer tieferen Sicht des Lebens. Es ist sehr wichtig zu verstehen, daß Vergänglichkeit kein negativer Aspekt des Lebens ist. Vergänglichkeit ist die Grundlage des Lebens schlechthin. Wenn das, was existiert, nicht vergänglich wäre, könnte das Leben nicht weitergehen. Wenn ein Getreidekorn nicht vergänglich wäre, könnte keine Getreidepflanze aus ihm werden. Wenn ein kleines Kind nicht vergänglich wäre, könnte es nicht zu einem Erwachsenen reifen.

Das Leben ist vergänglich, das heißt jedoch nicht, daß es nicht lebenswert wäre. Gerade weil es so vergänglich ist, schätzen wir das Leben so hoch. Darum müssen wir lernen, jeden Augenblick zutiefst zu leben und verantwortungsvoll zu nutzen. Wenn es uns gelingt, ganz und gar im Hier und Jetzt zu leben, werden wir später nichts zu bereuen haben. Wir wissen dann, wie wir uns um unsere Nächsten kümmern müssen und wie wir sie glücklich machen. Wenn wir akzeptieren, daß alles vergänglich ist, werden wir nicht vom Leid gelähmt sein, wenn die Dinge zerfallen und sterben. Wir können im Angesicht des Wandels, in Reichtum und Armut, in Erfolg und Versagen friedvoll und zufrieden bleiben.

Viele Menschen sind stets ruhelos und gehetzt und wissen sich nicht recht um Körper und Geist zu kümmern. Tag und Nacht, Stück für Stück verspielen sie um materieller Annehmlichkeiten willen ihre Gesundheit. Schließlich zerstören sie Körper und Geist für letztlich unwichtige Dinge. Diese Übung kann uns helfen, gut für Körper und Geist zu sorgen.

Übung elf
Kontemplation

1. Einatmend bin ich mir   Lebendiger Körper
   der atmenden Lebendigkeit
   meines Körpers bewußt.
   Ausatmend lächle ich   Lächeln
   meinem lebendig atmenden
   Körper zu.

2. Einatmend sehe ich meinen   Toter Körper
   Körper tot auf dem Bett liegen.
   Ausatmend lächle ich   Lächeln
   meinem toten Körper auf
   dem Bett zu.

3. Einatmend sehe ich meinen   Mein grauer Körper
   toten Körper von grauer Farbe.
   Ausatmend lächle ich meinem   Lächeln
   toten Körper von grauer
   Farbe zu.

4. Einatmend sehe ich meinen   Mein befallener
   toten Körper von Würmern   Körper
   und Fliegen befallen.

Ausatmend lächle ich meinem
toten, von Würmern und
Fliegen befallenen Körper zu.

Lächeln

5. Einatmend sehe ich meinen
toten Körper als weißes Skelett.
Ausatmend lächle ich meinem
toten Körper als weißem
Skelett zu.

Mein weißes Skelett

Lächeln

6. Einatmend sehe ich meinen
toten Körper als eine Anzahl
frischer Knochen, hier und da
verstreut.
Ausatmend lächle ich meinem
toten Körper als einer Anzahl
frischer, verstreuter Knochen
zu.

Verstreute, frische
Knochen

Lächeln

7. Einatmend sehe ich meinen
toten Körper als eine Anzahl
vertrockneter Knochen.
Ausatmend lächle ich meinem
toten Körper als einer Anzahl
vertrockneter Knochen zu.

Vertrocknete Knochen

Lächeln

8. Einatmend sehe ich, wie mein
toter Körper in ein Leichentuch
gewickelt wird.
Ausatmend lächle ich meinem
toten, ins Leichentuch
gewickelten Körper zu.

Ins Leichentuch
gewickelt

Lächeln

9. Einatmend sehe ich, wie   In den Sarg gelegt
   mein toter Körper in einen
   Sarg gelegt wird.
   Ausatmend lächle ich   Lächeln
   meinem toten Körper
   im Sarg zu.

10. Einatmend sehe ich, wie mein   Verbrannt
    toter Körper verbrannt wird.
    Ausatmend lächle ich   Lächeln
    meinem verbrennenden
    toten Körper zu.

11. Einatmend sehe ich,   Überreste mit Erde
    wie meine sterblichen   vermischt
    Überreste mit Erde
    vermischt werden.
    Ausatmend lächle ich   Lächeln
    meinen sterblichen,
    mit Erde vermischten
    Überresten zu.

Diese Übung hilft uns, mit der Tatsache vertraut zu werden, daß wir alle früher oder später sterben müssen. Außerdem bietet sie die Möglichkeit, über die Vergänglichkeit des Körpers zu meditieren. Wir nennen das traditionell die Neun Kontemplationen des Unreinen (*navāśubha samjñā*). Wenn wir uns mit den Vorstellungen, die uns den Tod fürchten lassen, vertraut machen, beginnen wir die Angst vor dem Tod zu überwinden. Darüber hinaus werden wir auch anfangen, unser Leben tiefer, mit mehr Sorgsamkeit und Gewahrsein zu leben.

Wenn wir uns unseren eigenen Tod vorstellen und ihn akzeptieren können, werden wir viel an Ehrgeiz, Sorgen und Leid loswerden. Kurz, es wird uns gelingen, all das loszulassen, was uns unnötigerweise so geschäftig hält. Wir können anfangen, auf sinnvolle Weise für uns selbst und andere Wesen zu leben.

Die verschiedenen Verfallsstadien des Leichnams, die zu den traditionellen Neun Kontempationen gehören, können durch einfache, unserem Erfahrungshintergrund eher entsprechende Bilder ersetzt werden. Zum Beispiel: Leichentuch, Sarg, Krematorium, Urne für die Asche, Asche wird der Erde übergeben oder den Wellen eines Flusses oder des Meeres.

Übung zwölf
Kontemplation

1. Einatmend bin ich mir der atmenden Lebendigkeit eines geliebten Menschen bewußt.
Ausatmend lächle ich dem lebendig atmenden Körper des geliebten Menschen zu.

Geliebter Mensch, lebendig

Lächeln

2. Einatmend sehe ich den Körper des geliebten Menschen tot auf dem Bett liegen.
Ausatmend lächle ich dem toten Körper des geliebten Menschen auf dem Bett zu.

Geliebter Mensch, tot

Lächeln

3. Einatmend sehe ich den toten Körper des geliebten Menschen von grauer Farbe.
Ausatmend lächle ich dem toten Körper des geliebten Menschen von grauer Farbe zu.

Grauer Körper des geliebten Menschen

Lächeln

4. Einatmend sehe ich den toten Körper des geliebten Menschen von Würmern und Fliegen befallen.
Ausatmend lächle ich dem toten, von Würmern und Fliegen befallenen Körper des geliebten Menschen zu.

Der befallene Körper des geliebten Menschen

Lächeln

5. Einatmend sehe ich den toten Körper des geliebten Menschen als weißes Skelett.
Ausatmend lächle ich dem toten Körper des geliebten Menschen als weißem Skelett zu.

Skelett des geliebten Menschen

Lächeln

6. Einatmend sehe ich den toten Körper des geliebten Menschen als eine Anzahl frischer Knochen, hier und da verstreut.
Ausatmend lächle ich dem toten Körper des geliebten Menschen als einer Anzahl frischer, verstreuter Knochen zu.

Verstreute, frische Knochen

Lächeln

7. Einatmend sehe ich den toten Körper des geliebten Menschen als eine Anzahl vertrockneter Knochen.

Vertrocknete Knochen

Ausatmend lächle ich dem
toten Körper des geliebten
Menschen als einer Anzahl
vertrockneter Knochen zu.

Lächeln

8. Einatmend sehe ich, wie
der Körper des geliebten
Menschen in ein Leichentuch
gewickelt wird.
Ausatmend lächle ich
dem ins Leichentuch
gewickelten Körper des
geliebten Menschen zu.

Ins Leichentuch
gewickelt

Lächeln

9. Einatmend sehe ich, wie
der Körper des geliebten
Menschen in einen Sarg
gelegt wird.
Ausatmend lächle ich dem
Körper des geliebten
Menschen im Sarg zu.

In den Sarg gelegt

Lächeln

10. Einatmend sehe ich, wie
der Körper des geliebten
Menschen verbrannt wird.
Ausatmend lächle ich
dem verbrennenden
Körper des geliebten
Menschen zu.

Verbrannt

Lächeln

11. Einatmend sehe ich, wie die
sterblichen Überreste des geliebten Menschen mit Erde
vermischt werden.

Überreste mit Erde
vermischt

Ausatmend lächle ich den
sterblichen, mit Erde
vermischten Überresten des
geliebten Menschen zu.

Lächeln

Diese Übung hilft uns anzuerkennen, daß auch
diejenigen, die wir am meisten lieben, früher oder später sterben werden. Vor dieser Tatsache gibt es kein Ent-
rinnen. Wie schon in der vorherigen Übung, können
auch hier die Bilder der Neun Kontemplationen durch
passendere ersetzt werden. Wenn wir uns den Tod eines
geliebten Menschen vorstellen können, können wir viel
von unserem Zorn und unseren Vorwürfen gegenüber
dem anderen abbauen. Wir lernen, auf sanftere Art mit
unseren Lieben umzugehen, uns um sie zu kümmern
und sie glücklich zu machen. Unser Bewußtsein der Vergänglichkeit hält gedankenlose Worte und Handlungen
gegenüber unseren Lieben aus unserem Alltag fern. Wir
lernen vermeiden, die Menschen, die uns am wichtig-
sten sind, zu verletzen und Samen des Leidens in uns
und in ihnen zu säen.

Übung dreizehn
Kontemplation

1. Einatmend bin ich mir
   der Energie und Kraft
   des Menschen, der mich
   leiden läßt, bewußt.
   Ausatmend lächle ich der
   Energie und Kraft des
   Menschen, der mich leiden
   läßt, zu.

   Energie und Kraft
   des Menschen, der
   mich leiden läßt.

   Lächeln

2. Einatmend sehe ich den toten
   Körper des Menschen, der
   mich leiden läßt.
   Ausatmend lächle ich dem
   toten Körper des Menschen,
   der mich leiden läßt, zu.

   Toter Körper des
   Menschen, der mich
   leiden läßt.
   Lächeln

3. Einatmend sehe ich den toten
   Körper des Menschen, der
   mich leiden läßt, von grauer
   Farbe.

   Grauer Leichnam

Ausatmend lächle ich dem
toten Körper des Menschen,
der mich leiden läßt, von
grauer Farbe zu.

Lächeln

4. Einatmend sehe ich den
aufgeblähten toten Körper des
Menschen, der mich leiden läßt.
Ausatmend lächle ich dem
aufgeblähten toten Körper des
Menschen, der mich leiden
läßt, zu.

Aufgeblähter
Leichnam

Lächeln

5. Einatmend sehe ich den
verwesenden toten Körper des
Menschen, der mich leiden läßt.
Ausatmend lächle ich dem
verwesenden toten Körper des
Menschen, der mich leiden
läßt, zu.

Verwesender
Leichnam

Lächeln

6. Einatmend sehe ich den toten
Körper des Menschen, der
mich leiden läßt, von Würmern
und Fliegen befallen.
Ausatmend lächle ich dem
toten, von Würmern und
Fliegen befallenen Körper des
Menschen, der mich leiden
läßt, zu.

Der befallene Körper

Lächeln

7. Einatmend sehe ich das weiße
Skelett des Menschen, der
mich leiden läßt.

Weißes Skelett

Ausatmend lächle ich dem   Lächeln
weißen Skelett des Menschen,
der mich leiden läßt, zu.

8. Einatmend sehe ich den toten   Verstreute, frische
   Körper des Menschen, der   Knochen
   mich leiden läßt, als eine
   Anzahl frischer Knochen, hier
   und da verstreut.
   Ausatmend lächle ich dem   Lächeln
   toten Körper des Menschen,
   der mich leiden läßt, als einer
   Anzahl frischer, verstreuter
   Knochen zu.

9. Einatmend sehe ich den toten   Vertrocknete Knochen
   Körper des Menschen, der
   mich leiden läßt, als eine Anzahl vertrockneter Knochen.
   Ausatmend lächle ich dem   Lächeln
   toten Körper des Menschen,
   der mich leiden läßt, als einer
   Anzahl vertrockneter
   Knochen zu.

10. Einatmend sehe ich den toten   Verrottete Knochen,
    Körper des Menschen, der   zu Staub zerfallen
    mich leiden läßt, als verrottete
    Knochen zu Staub zerfallen.
    Ausatmend lächle ich dem   Lächeln
    toten Körper des Menschen,
    der mich leiden läßt, als
    verrottete, zu Staub zerfallene
    Knochen zu.

Diese Übung ähnelt den beiden vorangegange-
nen. Das Objekt der Meditation ist hier jedoch jemand,
der uns so sehr leiden läßt, daß wir von Haß und Zorn
erfüllt sind. Wir meditieren, um die Zerbrechlichkeit
und Vergänglichkeit derjenigen zu erkennen, die uns
verletzen. Diese Meditation löst unseren Zorn auf und
ruft Liebe und Mitgefühl für jemanden, den wir hassen,
und auch für uns selbst hervor. Sehr häufig werden wir
genau auf die Menschen am zornigsten, die wir am meisten lieben. Unser Zorn ist eine Funktion dieser tiefen
Liebe, die durch diese Übung befreit werden kann.

Übung *vierzehn*
Tiefes Schauen, Loslassen

1. Einatmend kontempliere
   ich den attraktiven Körper
   einer Frau.
   Ausatmend erkenne ich die
   vergängliche Natur dieses
   Körpers.

   Attraktiver Körper

   Vergängliche Natur
   des Körpers

2. Einatmend kontempliere
   ich den attraktiven Körper
   eines Mannes.
   Ausatmend sehe ich die
   vergängliche Natur dieses
   Körpers.

   Attraktiver Körper

   Vergängliche Natur
   des Körpers

3. Einatmend kontempliere ich die
   Gefahren meiner Gier nach Sex.
   Ausatmend lasse ich die Gier
   los.

   Gefahren aus der
   Gier nach Sex
   Loslassen

4. Einatmend kontempliere ich
   das Leiden, zu dem meine Gier
   nach Sex führen kann.

   Leiden aus der Gier
   nach Sex

Ausatmend lasse ich die Gier los.

Loslassen

5. Einatmend kontempliere ich die Schwierigkeiten, zu denen meine Gier nach Sex führen kann.

Schwierigkeiten aus der Gier nach Sex

Ausatmend lasse ich die Gier los.

Loslassen

6. Einatmend kontempliere ich die Hetze nach Besitz.

Hetze nach Besitz

Ausatmend erkenne ich die vergängliche Natur von Besitz.

Vergängliche Natur von Besitz

7. Einatmend kontempliere ich mein Begehren eines Autos.

Begehren eines Autos

Ausatmend erkenne ich die vergängliche Natur des Autos.

Vergängliche Natur des Autos

8. Einatmend kontempliere ich mein Begehren eines Hauses.

Begehren eines Hauses

Ausatmend erkenne ich die vergängliche Natur des Hauses.

Vergängliche Natur des Hauses

9. Einatmend kontempliere ich mein Begehren nach materieller Sicherheit.

Materielle Sicherheit

Ausatmend erkenne ich die vergängliche Natur materieller Sicherheit.

Vergängliche Natur materieller Sicherheit

10. Einatmend kontempliere ich die Gefahr meiner Gier nach Reichtum.	Gefahr der Gier nach Reichtum
Ausatmend lasse ich die Gier los.	Loslassen
11. Einatmend kontempliere ich das Leiden, zu dem meine Gier nach Reichtum führen kann.	Leiden aus der Gier nach Reichtum
Ausatmend lasse ich die Gier los.	Loslassen
12. Einatmend kontempliere ich die Schwierigkeiten, zu denen meine Gier nach Reichtum führen kann.	Schwierigkeiten aus der Gier nach Reichtum
Ausatmend lasse ich die Gier los.	Loslassen
13. Einatmend kontempliere ich das Streben nach Ruhm.	Streben nach Ruhm
Ausatmend erkenne ich die vergängliche Natur von Ruhm.	Vergängliche Natur von Ruhm
14. Einatmend kontempliere ich die Gefahr meiner Gier nach Ruhm.	Gefahr der Gier nach Ruhm
Ausatmend lasse ich die Gier los.	Loslassen

15. Einatmend kontempliere
    ich das Leiden, zu dem meine
    Gier nach Ruhm führen kann.
    Ausatmend lasse ich die Gier
    los.

    Leiden aus der Gier
    nach Ruhm

    Loslassen

16. Einatmend kontempliere
    ich die Schwierigkeiten, zu
    denen meine Gier nach Ruhm
    führen kann.
    Ausatmend lasse ich die Gier
    los.

    Schwierigkeiten aus
    der Gier nach Ruhm

    Loslassen

17. Einatmend kontempliere
    ich mein Begehren nach
    Kleidung und Essen.
    Ausatmend erkenne ich die
    vergängliche Natur von
    Kleidung und Essen.

    Begehren von
    Kleidung und Essen

    Vergängliche Natur
    von Kleidung und
    Essen

18. Einatmend kontempliere
    ich die Gefahr meiner Gier
    nach Kleidung und Essen.
    Ausatmend lasse ich die Gier
    los.

    Gefahr der Gier nach
    Kleidung und Essen

    Loslassen

19. Einatmend kontempliere
    ich das Leiden, zu dem meine
    Gier nach Kleidung und
    Essen führen kann.
    Ausatmend lasse ich die Gier
    los.

    Leiden aus der Gier
    nach Kleidung und
    Essen

    Loslassen

20. Einatmend kontempliere ich die Schwierigkeiten, zu denen meine Gier nach Kleidung und Essen führen kann.

Schwierigkeiten aus der Gier nach Kleidung und Essen

Ausatmend lasse ich die Gier los.

Loslassen

21. Einatmend kontempliere ich ein Leben in Trägheit.

Leben in Trägheit

Ausatmend erkenne ich die Gefahr eines Lebens in Trägheit.

Gefahr

22. Einatmend kontempliere ich Loslassen.

Loslassen

Ausatmend kontempliere ich Loslassen.

Loslassen

Diese Übung hilft uns, sowohl die Vergänglichkeit als auch die Gefahren und Härten unseres endlosen Strebens nach materiellen und sinnlichen Genüssen zu erkennen – ob wir diese Genüsse nun in Form einer schönen Frau/eines schönen Mannes suchen, oder ob es sich um Reichtümer, Besitz, Ruhm oder andere Objekte unserer Begierde handeln mag. Wir erleiden tausend kleine und große Qualen, um in den Genuß dieser Sinnesobjekte zu kommen. Eventuell verschwenden wir unser ganzes Leben, um diesen Genüssen nachzujagen, ohne irgendeine Garantie, daß wir sie auch bekommen werden. Und selbst wenn wir ihrer habhaft werden, stellt sich bald heraus, daß sie nicht nur äußerst kurzlebig sind, sondern sogar gefährlich für das Wohlergehen von Körper und Geist.

Solange wir nicht völlig frei sind, kann es wahres Glück nicht geben. Mit vielerlei ehrgeizigen Plänen belastet, können wir nicht frei sein. Immer greifen wir nach etwas; wir wollen soviele Dinge zugleich tun, daß uns zum Leben keine Zeit mehr bleibt. Wir glauben, daß die Lasten, die wir schleppen, für unser Glück unabdingbar sind, daß wir leiden werden, wenn man sie uns abnimmt. Wenn wir uns die Zusammenhänge jedoch näher anschauen, erkennen wir, daß die Dinge, nach denen wir greifen, die Dinge, die uns dauernd auf Trab halten, in Wirklichkeit Hindernisse für unser Glück sind. Die Übung dieser Meditation sollte von einer Übung gefolgt werden, die uns hilft loszulassen, wie etwa der nächsten. Indem wir loslassen, lernen wir, daß wahres Glück nur durch Freiheit, ein erwachtes Leben und die Übung von Liebe und Mitgefühl entstehen kann.

Übung fünfzehn
Tiefes Schauen, Heilen

1. Einatmend weiß ich,
   daß ich alt werde.
   Ausatmend weiß ich,
   daß ich dem Alter nicht
   entkomme.

   Alt werden

   Kein Entkommen

2. Einatmend weiß ich,
   daß ich krank werde.
   Ausatmend weiß ich,
   daß ich der Krankheit nicht
   entkomme.

   Krank werden

   Kein Entkommen

3. Einatmend weiß ich,
   daß ich sterben muß.
   Ausatmend weiß ich,
   daß ich dem Tode nicht
   entkomme.

   Sterben

   Kein Entkommen

4. Einatmend weiß ich, daß ich
   eines Tages alles aufgeben
   muß, was mir heute lieb und
   teuer ist.

   Aufgeben, was mir
   lieb und teuer ist

Ausatmend weiß ich, daß ich der Aufgabe aller Dinge, die mir lieb und teuer sind, nicht entkomme.	Kein Entkommen

5. Einatmend weiß ich, daß meine Handlungen mein einziges Eigentum sind. Ausatmend weiß ich, daß ich den Folgen meiner Handlungen nicht entkomme.

Handlungen wahres Eigentum

Kein Entkommen vor den Folgen

6. Einatmend bin ich entschlossen, meine Tage in tiefer Achtsamkeit zu leben. Ausatmend sehe ich die Freude und den Nutzen eines achtsamen Lebens.

Achtsam leben

Freude sehen

7. Einatmend gelobe ich, meinen Lieben jeden Tag Freude zu machen. Ausatmend gelobe ich, das Leiden meiner Lieben zu lindern.

Freude schenken

Leiden lindern

Diese Übung hilft uns, den Ängsten und Befürchtungen, die tief in unserem Unterbewußtsein liegen, von Angesicht zu Angesicht zu begegnen. Sie hilft uns, die latenten Tendenzen, die wir im Buddhismus *anuśaya* nennen, zu transformieren. Im Prinzip wissen wir alle nur zu gut, daß wir uns an Alter, Krankheit, Tod und dem Getrenntwerden von unseren Lieben nicht vorbeimogeln können. Aber wir wollen diesen Dingen keine Aufmerksamkeit widmen. Wir wollen mit Angst und Befürchtung nicht in Kontakt kommen und ziehen es daher vor, diese Dinge in den Tiefen unseres Bewußtseins schlafen zu lassen. Aus diesem Grund nennt man sie latente Tendenzen (der Begriff *anuśaya* bedeutet wörtlich: „mit etwas zusammen im Schlaf liegen"). Aber obwohl diese Tendenzen schlafend in unserem Herzen liegen, verfolgen sie uns doch und beeinflussen insgeheim unser gesamtes Denken, Sprechen und Handeln. Wenn andere über Alter, Krankheit, Tod und die Trennung von geliebten Menschen sprechen, oder wenn wir diesen Umständen selbst begegnen, werden die entsprechenden latenten Tendenzen in uns genährt und verwurzeln sich noch tiefer – zusammen mit unseren anderen Sorgen und Sehnsüchten, unserem Zorn und Ärger. Weil wir diese latenten Tendenzen nicht lösen können, verdrängen wir sie; sie stagnieren und verursachen Krankheiten, deren Symptome dann in all unseren Handlungen sichtbar werden. Wir müssen einen anderen Weg finden, mit den *anuśaya* umzugehen. Der Buddha selbst hat diese Übung gelehrt und seinen Anhängern geraten, sie täglich zu üben. Er lehrte, daß wir unsere Ängste und Befürchtungen, statt sie zu unterdrücken, in unser Bewußtsein einladen, sie anerkennen und willkommen heißen sollten. Wenn wir mit der Übung des bewußten Atmens beginnen, entzünden wir die Achtsamkeit in uns. Wenn wir in ihrem sanften Licht einfach die Anwesenheit unserer Ängste akzeptieren und sie anlächeln, wie wir einen alten Freund anlächeln würden, werden sie ganz natürlich etwas von ihrer Kraft verlieren. Wenn sie dann wieder in unser Unterbewußtsein zurückkehren, sind sie bereits ein bißchen schwächer. Wenn wir täglich üben, werden sie immer weiter geschwächt. Wenn unsere Gefühle auf diese Art im Lichte der Achtsamkeit in unserem Bewußtsein zirkulieren, können sie nicht stagnieren, wir sehen in ihre Essenz, und es kann nicht mehr zur Manifestation der vorher erwähnten geistigen und körperlichen Krankheit kommen. Die latenten Tendenzen sind verwandelt worden.

Diese Übung hilft uns auch, den gegenwärtigen Augenblick, freudig, ruhig und erwacht zu leben. Genau in diesem Augenblick gelangen wir zur Einsicht und können unseren Nächsten Freude bringen.

*Ü*bung sechzehn
Tiefes Schauen, Heilen

1. Einatmend bin ich mir
   meines Körpers bewußt.
   Ausatmend lächle ich
   meinem Körper zu.

   Des Körpers bewußt

   Lächeln

2. Einatmend spüre ich den
   Schmerz in meinem Körper.
   Ausatmend lächle ich dem
   Schmerz in meinem Körper zu.

   Körperlichen
   Schmerz spüren
   Lächeln

3. Einatmend erkenne ich, daß
   dies körperlicher Schmerz ist.
   Ausatmend weiß ich, daß es
   nicht mehr ist als körperlicher
   Schmerz.

   Schmerz als
   körperlich erkennen
   Bloß körperlicher
   Schmerz

4. Einatmend bin ich mir der
   Inhalte meines Geistes bewußt.
   Ausatmend lächle ich den
   Inhalten meines Geistes zu.

   Der Geistesinhalte
   bewußt
   Lächeln

5. Einatmend spüre ich den
   Schmerz in meinem Geist.
   Ausatmend lächle ich dem
   Schmerz in meinem Geist zu.

   Geistigen Schmerz
   spüren
   Lächeln

6. Einatmend spüre ich den
   Schmerz der Angst in mir.
   Ausatmend lächle ich dem
   Schmerz der Angst in mir zu.

   Angst spüren

   Lächeln

7. Einatmend spüre ich das
   Gefühl der Unsicherheit
   in mir.
   Ausatmend lächle ich dem
   Gefühl der Unsicherheit zu.

   Unsicherheit spüren

   Lächeln

8. Einatmend spüre ich das
   Gefühl der Traurigkeit in mir.
   Ausatmend lächle ich dem
   Gefühl der Traurigkeit in mir
   zu.

   Traurigkeit spüren

   Lächeln

9. Einatmend spüre ich das
   Gefühl des Ärgers in mir.
   Ausatmend lächle ich dem
   Gefühl des Ärgers in mir zu.

   Ärger spüren

   Lächeln

10. Einatmend spüre ich das
    Gefühl der Eifersucht in mir.
    Ausatmend lächle ich dem
    Gefühl der Eifersucht in mir
    zu.

    Eifersucht spüren

    Lächeln

11. Einatmend spüre ich das
    Gefühl der Anhaftung in mir.   Anhaftung spüren

    Ausatmend lächle ich dem   Lächeln
    Gefühl der Anhaftung in mir
    zu.

12. Einatmend spüre ich das
    Gefühl der Freude in mir.   Freude spüren

    Ausatmend lächle ich dem   Lächeln
    Gefühl der Freude in mir zu.

13. Einatmend spüre ich die
    Freude der Freiheit in mir.   Freude der Freiheit

    Ausatmend lächle ich der   Lächeln
    Freude der Freiheit in mir zu.

14. Einatmend spüre ich die
    Freude der Loslösung in mir.   Freude der Loslösung

    Ausatmend lächle ich der   Lächeln
    Freude der Loslösung in mir
    zu.

15. Einatmend spüre ich die   Freude des
    Freude des Aufgebens in mir.   Aufgebens

    Ausatmend lächle ich der   Lächeln
    Freude des Aufgebens in mir
    zu.

16. Einatmend spüre ich die   Neutrale Gefühle
    neutralen Gefühle in mir.

    Ausatmend lächle ich den   Lächeln
    neutralen Gefühlen in mir zu.

Diese Übung bringt uns mit allen Gefühlen in Kontakt, die in unserem Geist entstehen. Gefühle sind angenehm, unangenehm oder neutral. Wir müssen uns darin üben, jedes Gefühl zu erkennen, es zu akzeptieren, willkommen zu heißen und danach seine Vergänglichkeit zu betrachten. Ein Gefühl oder eine Emotion erscheint, dauert und vergeht dann. Achtsamkeit befähigt uns, während des ganzen Prozesses vom Erscheinen bis zum Vergehen der Gefühle gelassen zu bleiben. Der Buddha lehrte uns, nicht an Gefühlen zu haften, sie aber auch nicht zu verdrängen. Die Gefühle mit einem ausgeglichenen Geist anzuerkennen, ist hierfür der beste Weg; indem wir sie mit Achtsamkeit anerkennen, gelangen wir ganz allmählich zu einer tiefen Erkenntnis ihrer wahren Natur. Diese Einsicht befähigt uns, in der Begegnung mit allen Gefühlen frei und gelassen zu bleiben.

Gefühle von Angst, Befürchtung, Ärger, Eifersucht und Anhaftung sind meist unangenehm oder schmerzhaft. Die stetige Übung der Achtsamkeit hilft uns, ein schmerzhaftes Gefühl zu erkennen, wann immer es erscheint. Auf diese Weise können wir verhindern, daß wir in den Wogen der Gefühle versinken, wie gewaltig sie auch sein mögen. Gelassen sitzend sollten wir unsere Aufmerksamkeit in unseren Unterbauch, etwas unterhalb des Nabels, bringen. Für einen Zeitraum von zehn bis fünfzehn Minuten sollten wir durch das Auf und Ab unserer Bauchdecke beim achtsamen Gewahrsein des Ein- und Ausatmens verweilen. In dieser Zeit wird unser Geistesfrieden langsam wiederhergestellt, und wir werden nicht mehr von den Böen der Emotionen davongeblasen. Während wir weiter akzeptieren und tief schauen, sehen wir die Essenz jeden Gefühls und jeder Emotion, sobald sie entstehen.

Angenehme Gefühle sollten wir genauso erkennen und eingehend betrachten wie unangenehme, denn Geisteszustände, die aus Freiheit, Loslösung und Loslassen entstehen, sind sehr gesund und nährend. In Achtsamkeit erkannt, können diese Geisteszustände sich weiterentwickeln und dauerhafter werden. Achtsames Atmen ist heilsame Nahrung für diese Gefühle, die wir in unserem Alltag so dringend brauchen.

Ein neutrales Gefühl ist weder angenehm noch schmerzhaft. Wenn diese Gefühle jedoch in Achtsamkeit erkannt werden, verwandeln sie sich gewöhnlich in angenehme Gefühle. Dies ist einer der nützlichen Aspekte der Einsichtsmeditation. Wenn Sie Zahnschmerzen haben, ist das ein recht unangenehmes Gefühl, und keine Zahnschmerzen zu haben, ist gewöhnlich ein neutrales Gefühl. Wenn es Ihnen jedoch gelingt, sich des Gefühls des Nicht-Zahnschmerzes bewußt zu werden, wird der Nicht-Zahnschmerz zu einem Gefühl von Frieden und Freude. Achtsamkeit läßt Glück entstehen und gibt ihm Nahrung.

Übung *siebzehn*

Tiefes Schauen, Heilen

1. Einatmend bin ich mir
   meines Körpers bewußt.
   Ausatmend lächle ich
   meinem Körper zu.

   Des Körpers bewußt

   Lächeln

2. Einatmend betrachte ich
   die Wurzeln des Schmerzes
   in meinem Körper.
   Ausatmend lächle ich den
   Wurzeln des Schmerzes in
   meinem Körper zu.

   Wurzeln
   körperlichen
   Schmerzes

   Lächeln

3. Einatmend bin ich mir
   der Inhalte meines Geistes
   bewußt.
   Ausatmend lächle ich
   den Inhalten meines
   Geistes zu.

   Des Geistes gewahr

   Lächeln

4. Einatmend betrachte ich die
   Wurzeln des Schmerzes in
   meinem Geist.

   Wurzeln geistigen
   Schmerzes

Ausatmend lächle ich den Wurzeln des Schmerzes in meinem Geist zu.	Lächeln
5. Einatmend betrachte ich die Wurzeln des Schmerzes der Angst.	Wurzeln der Angst
Ausatmend lächle ich den Wurzeln des Schmerzes der Angst zu.	Lächeln
6. Einatmend betrachte ich die Wurzeln des Gefühls der Unsicherheit.	Wurzeln der Unsicherheit
Ausatmend lächle ich den Wurzeln des Gefühls der Unsicherheit zu.	Lächeln
7. Einatmend betrachte ich die Wurzeln des Gefühls der Traurigkeit.	Wurzeln der Traurigkeit
Ausatmend lächle ich den Wurzeln des Gefühls der Traurigkeit zu.	Lächeln
8. Einatmend betrachte ich die Wurzeln des Gefühls des Ärgers.	Wurzeln des Ärgers
Ausatmend lächle ich den Wurzeln des Gefühls des Ärgers zu.	Lächeln

9. Einatmend betrachte ich
   die Wurzeln des Gefühls
   der Eifersucht.
   Ausatmend lächle ich den
   Wurzeln des Gefühls der
   Eifersucht zu.

   Wurzeln der
   Eifersucht

   Lächeln

10. Einatmend betrachte ich
    die Wurzeln des Gefühls
    der Anhaftung.
    Ausatmend lächle ich den
    Wurzeln des Gefühls der
    Anhaftung zu.

    Wurzeln der
    Anhaftung

    Lächeln

11. Einatmend betrachte ich
    die Wurzeln des Gefühls
    des Gefangenseins.
    Ausatmend lächle ich den
    Wurzeln des Gefühls des
    Gefangenseins zu.

    Wurzeln des
    Gefangenseins

    Lächeln

12. Einatmend betrachte ich
    die Wurzeln des Gefühls
    der Freude.
    Ausatmend lächle ich den
    Wurzeln des Gefühls der
    Freude zu.

    Wurzeln der Freude

    Lächeln

13. Einatmend betrachte ich
    die Wurzeln der Freude
    der Freiheit.
    Ausatmend lächle ich den
    Wurzeln der Freude der
    Freiheit zu.

    Wurzeln der Freude
    der Freiheit

    Lächeln

14. Einatmend betrachte ich die Wurzeln der Freude der Loslösung.	Wurzeln der Freude der Loslösung
Ausatmend lächle ich den Wurzeln der Freude der Loslösung zu.	Lächeln
15. Einatmend betrachte ich die Wurzeln der Freude des Aufgebens.	Wurzeln der Freude des Aufgebens
Ausatmend lächle ich den Wurzeln der Freude des Aufgebens zu.	Lächeln
16. Einatmend betrachte ich die Wurzeln der neutralen Gefühle.	Wurzeln der neutralen Gefühle
Ausatmend lächle ich den Wurzeln der neutralen Gefühle zu.	Lächeln

Sich dem Gefühl von Schmerz in Körper und Geist zu widersetzen, es wegzuwischen oder zu leugnen, intensiviert dieses Gefühl nur noch mehr. In den vorhergegangenen Übungen haben wir uns darin geübt, schmerzliche Gefühle anzuerkennen und anzunehmen. Unsere schmerzlichen Gefühle sind nichts anderes als wir selbst, oder, genauer gesagt, sie sind ein Teil von uns. Sie zu leugnen, bedeutet, uns selbst zu leugnen. Sobald wir diese Gefühle akzeptieren, fangen wir an, uns friedvoller zu fühlen, und der Schmerz verliert bereits etwas von seiner Intensität. Unseren Schmerz anzulächeln, ist das Weiseste, Intelligenteste und Schönste, was wir tun können. Einen besseren Weg gibt es nicht.

Jedesmal wenn wir ein Gefühl des Schmerzes anerkennen und seine Bekanntschaft machen, kommen wir uns selbst näher. Stück für Stück schauen wir tief in die Substanz und in die Wurzeln dieses Schmerzes. Angst, Unsicherheit, Ärger, Traurigkeit, Eifersucht und Anhaftung bilden Blöcke von Gefühlen und Gedanken in uns (Sanskrit *samyojana*, „innere Formationen"), und wir brauchen Zeit und Muße, um sie anzuerkennen und zu betrachten. Die Achtsamkeit des Atmens trägt entscheidend dazu bei, schmerzliche Gefühle erträglich zu machen. Achtsamkeit erkennt die Gegenwart der Gefühle, anerkennt sie, lindert sie und ermöglicht es, die Betrachtung solange fortzusetzen, bis die Substanz des Blocks erkannt ist. Achtsamkeit ist der einzige Weg, um Gefühle zu transformieren. Alle Samen des Schmerzes liegen in uns, und wenn wir in Ablenkung leben, werden diese Samen täglich genährt. Sie werden stark, und die inneren Blockaden werden immer solider. Bewußtes Atmen transformiert innere Formationen schmerzlicher Gefühle.

Innere Formationen kann man auch als „Fesseln" oder „Knoten" des Leidens betrachten, die tief in unserem Bewußtsein liegen. Die Knoten entstehen, wenn wir auf etwas, das andere tun oder sagen, emotional reagieren und auch, wenn wir das Gewahrsein unserer angenehmen oder unangenehmen Gefühle und Gedanken wiederholt unterdrücken. Die Fesseln, die uns binden, lassen sich in jedem schmerzlichen Gefühl und in jedem suchterzeugenden angenehmen Gefühl identifizieren – wie Zorn, Haß, Stolz, Zweifel, Sorge oder Anhaftung. Gefördert werden sie von Verwirrung und einem Mangel an Einsicht, von unserer Fehleinschätzung bezüglich unserer selbst und unserer Wirklichkeit. Indem wir Achtsamkeit üben, werden wir in die Lage versetzt, unangenehme Gefühle und Emotionen zu erkennen und sie zu transformieren, sobald sie erscheinen, damit sie nicht mehr zu Fesseln werden. Wenn wir nicht mehr auf die Worte und Handlungen der anderen reagieren, wenn wir unseren Geist friedlich und gelassen halten können, können die Fesseln interner Formationen nicht mehr entstehen, und das Ergebnis ist größeres Glück und mehr Freude. Auch unsere Familien, Freunde und Verwandten werden von unserem verstärkten Verständnis, von unserer tieferen Liebe profitieren.

In unserem Bewußtsein befinden sich auch die Samen des Glücks, wie etwa ein liebevolles Herz, die Fähigkeit loszulassen, Freude, Ruhe und Freiheit. Aber diese Samen brauchen täglich Wasser, sonst werden sie niemals erblühen. Wenn es uns gelingt, diese Samen mit Achtsamkeit zu nähren, werden sie ausschlagen und uns mit den Blüten und Früchten des Glücks beschenken. Das ist das Thema des Schlußteils der Übung. Diese Praxis muß man nicht ganz in einem Durchgang üben. Sie kann, in mehrere kurze Abschnitte aufgeteilt, über einen längeren Zeitraum von drei bis sechs Monaten geübt werden.

*Ü*bung *achtzehn*
Tiefes Schauen, Heilen

1. Einatmend sehe ich mich als
   fünfjähriges Kind.
   Ausatmend lächle ich dem
   fünfjährigen Kind zu.

   Ich selbst fünf Jahre
   alt
   Lächeln

2. Einatmend sehe ich das
   Fünfjährige als zart und
   verletzlich.
   Ausatmend lächle ich dem
   Fünfjährigen in mir voll
   Liebe zu.

   Fünfjähriges
   verletzlich

   Lächeln voll Liebe

3. Einatmend sehe ich meinen
   Vater als fünfjährigen
   Jungen.
   Ausatmend lächle ich meinem
   Vater als fünfjährigem Jungen
   zu.

   Vater fünf Jahre alt

   Lächeln

4. Einatmend sehe ich meinen
   fünf Jahre alten Vater als zart
   und verletzlich.

   Vater zart und
   verletzlich

Ausatmend lächle ich meinem
Vater als fünfjährigem Jungen
voll Liebe und Verständnis zu.

Lächeln voll Liebe
und Verständnis

5. Einatmend sehe ich meine
    Mutter als fünfjähriges
    Mädchen.

    Mutter fünf Jahre alt

    Ausatmend lächle ich meiner
    Mutter als fünfjährigem
    Mädchen zu.

    Lächeln

6. Einatmend sehe ich meine fünf
    Jahre alte Mutter als zart und
    verletzlich.

    Mutter zart und
    verletzlich

    Ausatmend lächle ich meiner
    Mutter als fünfjährigem
    Mädchen voll Liebe und
    Verständnis zu.

    Lächeln voll Liebe
    und Verständnis

7. Einatmend sehe ich meinen
    Vater als Kind leiden.

    Vaters Leiden als
    Kind

    Ausatmend sehe ich meine
    Mutter als Kind leiden.

    Mutters Leiden als
    Kind

8. Einatmend sehe ich meinen
    Vater in mir.

    Vater in mir

    Ausatmend lächle ich meinem
    Vater in mir zu.

    Lächeln

9. Einatmend sehe ich meine
    Mutter in mir.

    Mutter in mir

    Ausatmend lächle ich meiner
    Mutter in mir zu.

    Lächeln

10.	Einatmend verstehe ich die Schwierigkeiten, die mein Vater in mir hat.	Schwierigkeiten des Vaters in mir
	Ausatmend bin ich entschlossen, für die Befreiung von Vater und mir zu arbeiten.	Vater und mich befreien
11.	Einatmend verstehe ich die Schwierigkeiten, die meine Mutter in mir hat.	Schwierigkeiten der Mutter in mir
	Ausatmend bin ich entschlossen, für die Befreiung von Mutter und mir zu arbeiten.	Mutter und mich befreien

Diese Übung hat vielen jungen Menschen geholfen, eine glückliche und feste Beziehung zu ihren Eltern wiederherzustellen. Gleichzeitig hat sie ihnen geholfen, Haß und Abneigung, die sich von ganz klein auf in ihnen angestaut hatten, zu verwandeln.

Es gibt Menschen, die nicht einmal an ihren Vater oder ihre Mutter denken können, ohne daß Gefühle des Hasses und des Leidens aufkommen. In den Herzen von Eltern und Kindern gibt es immer Samen der Liebe, aber weil wir diese Samen nicht zu nähren verstehen, und besonders weil wir Ärger zum Zeitpunkt seiner Entstehung nicht auflösen können, gelingt es beiden Generationen oft nicht, einander zu akzeptieren. Im ersten Schritt der Übung betrachtet die Übende sich selbst als fünfjähriges Kind. In diesem Alter sind wir so leicht verletzlich. Ein übermäßig strenger Blick oder ein furchteinflößendes, ablehnendes Wort verwundet uns zutiefst, und schon schämen wir uns. Wenn Vater Mutter leiden läßt oder Mutter Vater Leiden zufügt, wird der Same des Leidens auch ins Herz des Kindes gesät und dort genährt. Geschieht das häufig, wächst das Kind mit vielen Samen des Leidens im Herzen auf und wird seinen Eltern ein Leben lang Vorwürfe machen. Wenn wir uns selbst als verletzliche Kinder sehen, lernen wir, Mitgefühl mit uns selbst zu haben, und dieses Mitgefühl übt eine tiefe Wirkung auf uns aus. Wir müssen dem fünfjährigen Kind mit dem Lächeln des Mitgefühls zulächeln.

Auf der nächsten Stufe der Meditation visualisiert der Übende seinen Vater oder seine Mutter als fünfjähriges Kind. Gewöhnlich sehen wir unseren Vater als einen entschiedenen und strengen Erwachsenen, dem man nur schwer etwas recht machen kann und der Probleme nur mittels strenger Autorität löst. Wir wissen aber auch, daß unser Vater, bevor er erwachsen wurde, ein kleiner Junge gewesen ist, genauso verletzlich und zart wie wir selbst. Wir können sehen, wie dieser kleine Junge sich duckte, schweigsam wurde und nicht mehr wagte, den Mund aufzumachen, wenn sein eigener Vater zornig wurde. Wir sehen, daß dieser kleine Junge ebenfalls das Opfer der Unbeherrschtheit und der Roheit eines Vaters gewesen ist. Oft ist es hilfreich, in einem alten Familienalbum zu blättern und auf einem Foto zu betrachten, wie unser Vater oder unsere Mutter als Kinder ausgesehen haben. In unserer Sitzmeditation können wir das Kind, das unser Vater oder unsere Mutter war, einladen und ihm zulächeln wie einem alten, lieben Freund. Wir sehen seine Verletzlichkeit und Zartheit, und ein Gefühl des Mitleids wird in uns geboren. Wenn dieses Gefühl des Mitleids in unserem Herzen aufwallt, wissen wir, daß unsere Meditation Früchte zu tragen beginnt. Wenn wir jemandes Leid wirklich wahrnehmen und verstehen, ist es uns unmöglich, diesen Menschen nicht zu akzeptieren und zu lieben. Der angestaute Ärger gegenüber unseren Eltern wird im Laufe dieser Übung allmählich transformiert. In dem Maße, in dem unser Verständnis wächst, wächst auch unsere Akzeptanz – bis wir in der Lage sind, tatsächlich auf unsere Eltern zuzugehen, um auch ihnen bei dieser Transformation zu helfen. Wir wissen bereits, daß es möglich ist, denn unser Mitgefühl hat uns ja selbst verwandelt und bereits zu gelasseneren, zärtlicheren, ruhigeren und toleranteren Menschen gemacht. Toleranz und Ruhe sind zwei Merkmale wahrer Liebe.

Übung neunzehn
Tiefes Schauen

1. Einatmend bin ich mir
    meines Einatmens bewußt.
    Ausatmend sehe ich, daß mein
    Einatmen nicht mehr besteht.

    Des Einatmens
    bewußt
    Einatmen besteht
    nicht mehr

2. Einatmend bin ich mir der
    Geburt meines Einatmens
    bewußt.
    Ausatmend bin ich mir des
    Todes meines Einatmens
    bewußt.

    Geburt des Einatmens

    Tod des Einatmens

3. Einatmend sehe ich, wie die
    Geburt meines Einatmens von
    Bedingungen abhängt.
    Ausatmend sehe ich, wie der
    Tod meines Einatmens von
    Bedingungen abhängt.

    Geburt des
    Einatmens bedingt

    Tod des Einatmens
    bedingt

4. Einatmend erkenne ich, daß
    mein Einatmen nirgendwo
    herkommt.

    Atem von nirgendwo

Ausatmend erkenne ich,
daß mein Einatmen nirgendwo
hingeht.

Atem nach
nirgendwo

5. Einatmend sehe ich mein
   Einatmen ohne Geburt
   und Tod.
   Ausatmend sehe ich mein
   Einatmen frei von Geburt und
   Tod.

Atem ohne Geburt
und Tod

Atem frei von Geburt
und Tod

6. Einatmend bin ich mir
   meiner Augen bewußt.
   Ausatmend sehe ich, daß die
   Geburt meiner Augen von
   Bedingungen abhängt.

Der Augen bewußt

Augen bedingt

7. Einatmend sehe ich, daß meine
   Augen nirgendwo herkommen.
   Ausatmend sehe ich, daß
   meine Augen nirgendwo
   hingehen.

Augen von
nirgendwo
Augen nach
nirgendwo

8. Einatmend sehe ich, daß meine
   Augen ohne Geburt und Tod
   sind.
   Ausatmend sehe ich, daß
   meine Augen frei sind von
   Geburt und Tod.

Augen ohne Geburt
und Tod

Augen frei von
Geburt und Tod

9. Einatmend bin ich mir
   meines Körpers bewußt.

Des Körpers bewußt

Ausatmend sehe ich, daß die
Geburt meines Körpers von
Bedingungen abhängt.

Körper bedingt

10. Einatmend sehe ich, daß mein
Körper nirgendwo herkommt.
Ausatmend sehe ich, daß
mein Körper nirgendwo
hingeht.

Körper von
nirgendwo
Körper nach
nirgendwo

11. Einatmend sehe ich meinen
Körper ohne Geburt und Tod.
Ausatmend sehe ich meinen
Körper frei von Geburt und
Tod.

Körper ohne Geburt
und Tod
Körper frei von
Geburt und Tod

12. Einatmend bin ich mir meines
Bewußtseins bewußt.
Ausatmend sehe ich, daß die
Geburt meines Bewußtseins
von Bedingungen abhängt.

Des Bewußtseins
bewußt
Bewußtsein bedingt

13. Einatmend sehe ich, daß
mein Bewußtsein nirgendwo
herkommt.
Ausatmend sehe ich, daß
mein Bewußtsein nirgendwo
hingeht.

Bewußtsein von
nirgendwo

Bewußtsein nach
nirgendwo

14. Einatmend sehe ich mein
Bewußtsein ohne Geburt
und Tod.

Bewußtsein ohne
Geburt und Tod

Ausatmend sehe ich mein
Bewußtsein frei von Geburt
und Tod.

Bewußtsein frei von
Geburt und Tod

Diese Übung führt uns zu der Erkenntnis, daß
nichts kommt und nichts geht, nichts geboren wird und
nichts stirbt. Sie gehört zu den wunderbarsten Meditationen des Buddhismus.

Am Anfang versuchen wir, die Präsenz des Atems zu
erleben, um uns der Geburt und des Todes dieses Atems
bewußt zu werden. Wenn wir anfangen einzuatmen, sehen wir die Geburt des Einatmens, wenn wir anfangen
auszuatmen, sehen wir, daß das Einatmen gestorben ist.
Geburt und Tod sind zwei Merkmale eines Atemzuges.
Im Laufe der Übung sehen wir, daß das Auftreten unseres Einatmens von vielerlei Ursachen und Bedingungen
abhängig ist: den Lungen, den Atemmuskeln, dem Körper, der Atmosphäre, der Nase, den Bronchien, davon,
daß wir lebendig sind, und so weiter. Wenn wir ausatmen, sehen wir, daß auch das Aufhören des Einatmens
von vielen Ursachen und Bedingungen veranlaßt wird,
und wir werden uns dieser Ursachen und Bedingungen
physisch bewußt. So sind die Lungen jetzt zum Beispiel
voll und können oder wollen nicht weiter einatmen.
Wenn wir meditieren, erkennen wir, daß der Atem geboren wird, sobald die Ursachen und Bedingungen die
richtigen sind, und daß er stirbt, wenn Ursachen und
Bedingungen nicht mehr genügen. Wir erkennen weiter, daß unser Atem bei seiner Geburt nicht von irgend-
wo herkommt und daß er bei seinem Tode nicht irgend-
wo hingeht. Es gibt keinen Ort im Raum, woher er
käme, wenn er geboren wird, und es gibt ebensowenig

einen Ort, wohin er ginge, wenn er stirbt. Dann sehen wir das Nicht-Kommen und Nicht-Gehen des Atems. Wenn wir tiefer schauen, sehen wir, daß ein Atemzug nicht geboren wird und nicht stirbt, sondern daß er sich nur manifestiert oder verborgen ist. Geboren werden bedeutet gewöhnlich, daß etwas, das vorher nicht existierte, neu in die Existenz tritt. Sterben bedeutet gewöhnlich, daß etwas, das existiert, aufhört zu sein. Mit unserem Atem aber verhält es sich nicht so. Wir können nicht sagen, es habe ihn vorher nicht gegeben, nur, daß er jetzt manifest werden kann, weil Ursachen und Bedingungen ausreichen und die richtigen sind. Wenn nur einer dieser Umstände nicht vorhanden ist, geht der Atem in die Verborgenheit. Nur in bezug auf unsere Wahrnehmung können wir von einem Manifestwerden und einem Nicht-Manifestwerden reden. Manifest bedeutet nicht, daß etwas existiert, und nicht-manifest bedeutet nicht, daß etwas nicht existiert. Merkmale wie Geburt und Tod, Sein und Nicht-Sein werden dem Atem von unserer Wahrnehmung beigelegt. Die wahren Merkmale des Atems sind Nicht-Geburt und Nicht-Tod, Nicht-Existenz und Nicht-Nichtexistenz. Diese Erkenntnis entsteht mit unserer Bereitschaft, Ursachen und Bedingungen fortgesetzt tief zu betrachten. Wenn wir über unsere Augen meditieren, erkennen wir, daß auch unsere Augen abhängig von Ursachen und Bedingungen manifest werden oder verborgen sind. Unsere Augen kommen nirgendwo her und gehen nirgendwo hin. Daß Augen manifest werden, bedeutet nicht, daß Augen existieren, und wenn Augen verborgen sind, bedeutet das nicht, daß Augen nicht existieren. Wir können nicht sagen, unsere Augen werden geboren, weil sie manifest werden. Ebensowenig können wir sagen, sie sterben, nur weil sie sich nicht manifestieren. Dasselbe gilt für unseren Körper und für unser Bewußtsein. Die wahre Natur der fünf Aggregate (Körper, Gefühle, Wahrnehmungen, geistige Bildekräfte und Bewußtsein) ist Nicht-Geburt, Nicht-Tod, Nicht-Existenz und Nicht-Nichtexistenz. Geburt und Tod sind beide illusorisch. Sein oder Nicht-Sein, das ist nicht die Frage.

Übung zwanzig
Tiefes Schauen

1. Einatmend sehe ich
    meine Augen.
    Ausatmend lächle ich
    meinen Augen zu.

    Meine Augen sehen

    Lächeln

2. Einatmend sehe ich, daß
    meine Augen durch das
    Zusammenkommen der vier
    Elemente hervorgebracht
    werden.
    Ausatmend sehe ich, daß
    meine Augen mit der
    Auflösung der vier Elemente
    aufhören zu sein.

    Augen von vier
    Elementen
    hervorgebracht

    Auflösung der
    Elemente, Ende der
    Augen

3. Einatmend sehe ich, daß
    meine Augen den
    Sonnenschein enthalten.
    Ausatmend sehe ich, daß
    meine Augen die Wolken
    enthalten.

    Augen enthalten den
    Sonnenschein

    Augen enthalten die
    Wolken

4. Einatmend sehe ich, daß meine
Augen die Erde enthalten.
Ausatmend sehe ich, daß
meine Augen die Luft
enthalten.

Augen enthalten die
Erde
Augen enthalten die
Luft

5. Einatmend sehe ich, daß meine
Augen den gesamten Kosmos
enthalten.
Ausatmend sehe ich, daß
meine Augen in allem im
ganzen Kosmos gegenwärtig
sind.

Augen enthalten den
Kosmos

Augen in allem

6. Einatmend sehe ich, daß
meine Augen Elemente
des Interseins sind.
Ausatmend sehe ich, daß alle
Phänomene im gesamten
Kosmos Elemente des
Interseins sind.

Augen, Elemente des
Interseins

Alle Phänomene im
Kosmos, Elemente
des Interseins

7. Einatmend erkenne ich
alles im Einen.
Ausatmend erkenne ich das
Eine in allem.

Alles im Einen

Eins in allem

8. Einatmend erkenne ich
das Eine als grundlegend
für alles.
Ausatmend erkenne ich alle
Dinge als grundlegend für das
Eine.

Eines als Basis von
allem

Alle Dinge als Basis
für Eines

9. Einatmend erkenne ich die ge-   Augen geburtlos
   burtlose Natur meiner Augen.
   Ausatmend erkenne ich die   Augen todlos
   todlose Natur meiner Augen.

Diese Übung ist eine Fortsetzung von Übung
neunzehn. Sie soll uns ebenso zu einem tiefen Einblick
in das bedingte Entstehen der Dinge verhelfen wie zu
einer Erkenntnis der wechselseitigen Abhängigkeit und
des gegenseitigen Durchdrungenseins aller Existenz.
Alles, was existiert, ist vergänglich. Wenn etwas geboren wurde, muß es sterben, und diese Geburt, dieser Tod
finden jeden Augenblick (Sanskrit *kṣaṇa*, die kürzeste
Zeiteinheit) statt. Wir erkennen dies jedesmal, wenn wir
über Vergänglichkeit meditieren. Wenn wir jedoch noch
tiefer schauen, erkennen wir, daß alle Dinge in Abhängigkeit voneinander entstehen. Alles, was existiert,
kommt zustande, dauert und verschwindet aufgrund
verschiedener Ursachen und Bedingungen: *Dies ist, weil
jenes ist. Dies ist nicht, weil jenes nicht ist. Dies wird geboren,
weil jenes geboren wird. Dies hört auf zu sein, weil jenes aufhört zu sein.* Das ist das Prinzip des abhängigen Entstehens, wie es in den Madhyama- und Samyutka-Agamas
gelehrt wird. Wenn wir noch tiefer schauen, erkennen
wir, daß es – weil alles in Abhängigkeit von etwas ande-
rem entsteht – so etwas wie eine separate, aus sich selbst
heraus existierende Wesenhaftigkeit nicht gibt. Wir gelangen zu der Erkenntnis, daß alle Dinge essentiell leer
sind: *Dieses enthält jenes, und jenes enthält dieses* – das
Prinzip gegenseitiger Durchdringung. *Dieses ist jenes,
und jenes ist dieses* – das Prinzip des Interseins. Zeit beinhaltet Zeit, und Zeit beinhaltet Raum. Raum beinhal-

tet Raum, und Raum beinhaltet Zeit. Raum ist selbst Zeit. Raum und Zeit können nicht unabhängig voneinander existieren. Ein *kṣaṇa* (punktförmiger Augenblick) enthält unendliche Zeit, und das allerkleinste Partikelchen enthält grenzenlosen Raum. Das ist das Prinzip des Alles-ist-eins und Eins-ist-alles. Wenn wir dieses Prinzip verstehen, erkennen wir die Phänomene, von denen in Begriffen wie Geburt, Tod, Sein und Nichtsein die Rede war, als bloße Illusionen. Wir sind fähig, in die geburtlose und todlose Natur der Phänomene zu blicken, die je nachdem *dharmadhatu* (die wahre Natur der Welt der Phänomene), *tathata* (Soheit), *nirvana* (Verlöschen von Illusion und Leiden) oder vollkommene Wahrheit genannt wird. Konzepte wie Geburt, Tod, eins, viele, Kommen, Gehen, Reinheit, Verblendung, Zunehmen, Abnehmen können daher nie die Wirklichkeit beschreiben. Nur wenn wir die geburt- und todlose Natur der Wirklichkeit erkennen, können wir die Ängste und Sorgen überwinden, die uns fesseln. Diese Erkenntnis ist Befreiung.

Die Übungen neunzehn und zwanzig müssen mit Eifer geübt werden – nicht bloß während der Sitzmeditation, sondern auch im Alltagsleben.

Übung einundzwanzig
Tiefes Schauen

1. Einatmend bin ich mir einer   Welle im Ozean
   Welle im Ozean bewußt.
   Ausatmend lächle ich der   Lächeln
   Welle zu.

2. Einatmend bin ich mir des   Wasser in Welle
   Wassers in der Welle bewußt.
   Ausatmend lächle ich dem   Lächeln
   Wasser in der Welle zu.

3. Einatmend sehe ich die   Geburt einer Welle
   Geburt einer Welle.
   Ausatmend lächle ich der   Lächeln
   Geburt der Welle zu.

4. Einatmend sehe ich den   Tod einer Welle
   Tod einer Welle.
   Ausatmend lächle ich dem   Lächeln
   Tod der Welle zu.

5. Einatmend erkenne ich die
   ungeborene Natur des
   Wassers in der Welle.
   Ausatmend lächle ich der
   ungeborenen Natur des
   Wassers in der Welle zu.

   Ungeborenes Wasser
   in der Welle

   Lächeln

6. Einatmend erkenne ich die
   unsterbliche Natur des
   Wassers in der Welle.
   Ausatmend lächle ich der
   unsterblichen Natur des
   Wassers in der Welle zu.

   Unsterbliches Wasser
   in der Welle

   Lächeln

7. Einatmend sehe ich die
   Geburt meines Körpers.
   Ausatmend lächle ich der
   Geburt meines Körpers zu.

   Geburt meines
   Körpers
   Lächeln

8. Einatmend sehe ich den
   Tod meines Körpers.
   Ausatmend lächle ich dem
   Tod meines Körpers zu.

   Tod meines Körpers

   Lächeln

9. Einatmend sehe ich die
   ungeborene Natur
   meines Körpers.
   Ausatmend lächle ich der
   ungeborenen Natur meines
   Körpers zu.

   Körper ungeboren

   Lächeln

10. Einatmend sehe ich die
    unsterbliche Natur meines
    Körpers.

    Körper unsterblich

Ausatmend lächle ich der unsterblichen Natur meines Körpers zu.	Lächeln

11. Einatmend sehe ich die ungeborene Natur meines Bewußtseins.
    Bewußtsein ungeboren

    Ausatmend lächle ich der ungeborenen Natur meines Bewußtseins zu.
    Lächeln

12. Einatmend sehe ich die unsterbliche Natur meines Bewußtseins.
    Bewußtsein unsterblich

    Ausatmend lächle ich der unsterblichen Natur meines Bewußtseins zu.
    Lächeln

Diese Übung steht in Verbindung mit den beiden vorangegegangenen (neunzehn und zwanzig). Ihr Ziel ist es, uns zu helfen, tief in die wahre Natur aller Dinge zu blicken. Die Welt der Phänomene scheint durch Gegenpole gekennzeichnet zu sein: Geburt/Tod, Kommen/Gehen, Sein/Nichtsein, eins/viele, Verblendung/Reinheit und so weiter. Achtsame Meditation versetzt uns in die Lage, über diese Begriffe hinauszublicken. Die drei Siegel der buddhistischen Lehre sind Vergänglichkeit, Ich(Selbst)losigkeit und Nirvana. Weil die Dinge vergänglich sind und ohne Selbst, können wir weder sagen, daß sie geboren werden und sterben, kommen und gehen, noch daß sie existieren oder nicht mehr existieren, eins sind oder viele, verblendet sind oder rein.

Der Buddhismus vermag aber noch mehr, als nur den phänomenalen Aspekt der Wirklichkeit zu enthüllen: Er bringt uns mit der wahren Natur (Sanskrit *svabhāva*) der Phänomene in Kontakt. Diese wahre Natur ist Nirvana. Nirvana kann nicht mit Entweder/oder-Konzepten beschrieben werden. Nirvana bedeutet das Ende aller gegenpoligen Begriffe und Wahrnehmungen. Es bedeutet auch das Zur-Ruhe-Kommen aller Verstrickungen, wie Gier, Haß und Unwissenheit, die aus diesen Wahrnehmungen entstehen.

Im Udāna (Worte der Erbauung), spricht der Buddha über Nirvana so (geben wir jedoch acht, uns nicht von Worten und Vorstellungen einfangen zu lassen, denn der Buddha hat auch gesagt, daß es unmöglich sei, irgend etwas über die wahre Natur von Nirvana auszusagen): „Mönche, es gibt einen Ort, der nicht dem Bereich von Erde, Wasser, Luft, Feuer, grenzenlosem Raum oder grenzenlosem Bewußtsein, grenzenloser Nicht-Materialität, Wahrnehmung oder Nicht-Wahrnehmung, dieser Welt oder jener Welt angehört. Ich spreche von diesem Bereich nicht als kommend oder gehend oder nicht kommend oder nicht gehend, geboren oder sterbend. Dieser Bereich kommt nicht in die Existenz oder verschwindet aus ihr, und er muß sich nicht auf etwas anderes stützen. Dies ist das Ende allen Leides. Dies ist Nirvana." Und, wieder im Udāna: „Mönche, es gibt ein Ungeborenes, Unbedingtes, Nicht-Werdendes, Nicht-Geschaffenes, Nicht-Zusammengesetztes. Gäbe es dieses Ungeborene, Unbedingte, Nicht-Werdende, Nicht-Geschaffene, Nicht-Zusammengesetzte nicht, wohin könnte dann das Geborene, Bedingte, Werdende, Geschaffene, Zusammengesetzte zurückkehren?"

Angenommen, während wir dem Buddha zuhörten, würden wir von Worten gefangen, wie: „Es gibt einen

Bereich … Dieser Bereich…" Dann hätten wir keinerlei Möglichkeit zu verstehen, weil die Realität von Nirvana über alle Vorstellung von ist oder ist nicht, eines oder viele, Ort oder Nicht-Ort, diesem oder jenem hinausgeht. Diese Übung benutzt das Bild von der Welle und dem Wasser als Gleichnis für Nirvana. Die Welle ist Geburt und Tod, das Wasser ist Nirvana. Die Welle wird geboren und stirbt, hebt sich und fällt, ist hoch oder tief, kommt und geht, ist viele und ist eins. Dies gilt nicht für das Wasser in der Welle. Wir sollten daran denken, daß es sich nur um ein Gleichnis handelt. In unserer gewöhnlichen Wahrnehmung gehört auch Wasser noch zur Welt der Phänomene, wie Wolken, Dunst, Eis und Schnee. Weil wir in der Lage sind, tief in die Welt der Phänomene zu schauen, können wir ihre geburt- und todlose Natur entdecken und die Welt der Soheit betreten. Im Studium des Buddhismus sprechen wir davon, vom Merkmal (*laksana*) zur Natur (*svabhāva*) zu kommen, vom Zeichen zur Essenz.

Ein Bodhisattva ist fähig, die Natur aller Existenz zu erkennen. Darum hat er keine Furcht mehr und ist frei von der Gier des Festhaltens. Daher kann er mit völligem Gleichmut auf den Wogen von Geburt und Tod reiten.

Übung zweiundzwanzig
Tiefes Schauen

1. Einatmend bin ich mir
   meines Körpers bewußt.
   Ausatmend lächle ich
   meinem Körper zu.

   Des Körpers bewußt

   Lächeln

2. Ausatmend bin ich mir
   bewußt, daß ich nicht
   dieser Körper bin.
   Ausatmend bin ich mir
   bewußt, daß dieser Körper
   dem Nicht-Selbst angehört.

   Körper nicht ich

   Körper gehört
   Nicht-Selbst an

3. Einatmend bin ich mir eines
   gegenwärtigen Gefühls bewußt.
   Ausatmend lächle ich diesem
   Gefühl zu.

   Eines Gefühls bewußt

   Lächeln

4. Einatmend bin ich mir bewußt,
   daß ich nicht dieses Gefühl bin.
   Ausatmend bin ich mir
   bewußt, daß dieses Gefühl
   dem Nicht-Selbst angehört.

   Gefühl nicht ich

   Gefühl gehört
   Nicht-Selbst an

5. Einatmend bin ich mir einer
gegenwärtigen Wahrnehmung
bewußt.
Ausatmend lächle ich dieser
Wahrnehmung zu.

Einer Wahrnehmung
bewußt

Lächeln

6. Einatmend bin ich mir
bewußt, daß ich nicht diese
Wahrnehmung bin.
Ausatmend bin ich mir
bewußt, daß diese
Wahrnehmung dem
Nicht-Selbst angehört.

Wahrnehmung nicht
ich

Wahrnehmung
gehört Nicht-Selbst
an

7. Einatmend bin ich mir einer
gegenwärtigen geistigen
Bildekraft bewußt.
Ausatmend lächle ich dieser
geistigen Bildekraft zu.

Einer geistigen
Bildekraft bewußt

Lächeln

8. Einatmend bin ich mir
bewußt, daß ich nicht diese
geistige Bildekraft bin.
Ausatmend bin ich mir
bewußt, daß diese geistige
Bildekraft dem Nicht-Selbst
angehört.

Geistige Bildekraft
nicht ich

Geistige Bildekraft
gehört Nicht-Selbst
an

9. Einatmend bin ich mir
eines gegenwärtigen
Bewußtseins bewußt.
Ausatmend lächle ich diesem
Bewußtsein zu.

Eines Bewußtseins
bewußt

Lächeln

10. Einatmend bin ich mir
bewußt, daß ich nicht dieses
Bewußtsein bin.
Ausatmend bin ich mir
bewußt, daß dieses
Bewußtsein dem Nicht-Selbst
angehört.

Bewußtsein nicht ich

Bewußtsein gehört
Nicht-Selbst an

11. Einatmend weiß ich, daß ich
von diesem Körper nicht
begrenzt bin.
Ausatmend weiß ich, daß
dieser Körper nicht von
meiner Lebenspanne begrenzt
ist.

Ich nicht begrenzt

Körper nicht begrenzt

12. Einatmend weiß ich, daß
dieser Körper der fünf
Aggregate todlos und
geburtlos ist.
Ausatmend weiß ich, daß ich
geburtlos und todlos bin.

Körper geburtlos,
todlos

Ich geburtlos, todlos

13. Einatmend lächle ich der
Geburtlosigkeit und
Todlosigkeit dieses
Körpers zu.
Ausatmend lächle ich der
Geburtlosigkeit und
Todlosigkeit dieses Selbst zu.

Geburtlosem,
todlosem Körper
zulächeln

Geburtlosem,
todlosem Selbst
zulächeln

Diese Übung hilft uns, tief in die Natur des Nicht-Selbst zu schauen. Der Körper und die anderen Grundlagen der Wahrnehmung (Augen, Ohren, Nase, Zunge und Geist) sind nicht das Selbst. Sie gehören aber auch nicht einem Selbst an, das außerhalb von ihnen zu finden wäre. Die fünf Aggregate sind Körper, Gefühle, Wahrnehmungen, geistige Bildekräfte und Bewußtsein. Diese fünf Aggregate sind nicht das Selbst, sind aber auch nicht Besitz eines außerhalb von ihnen existierenden Selbst. Selbst wird häufig definiert als: unveränderliche Wesenheit, die unabhängig von sogenannten Nicht-Selbst-Wesenheiten existiert. Der Buddhismus lehrt, daß es ein solches Selbst nicht gibt, denn in Wirklichkeit gibt es nichts Unveränderliches, das unabhängig von allem anderen existieren kann. Was ist dann aber die Bedeutung der Worte „Ich" und „Selbst" in Übung zweiundzwanzig, und worauf beziehen sie sich? Offensichtlich bezieht „Ich" sich hier auf die Person, die meditiert und die sich aus den fünf Aggregaten zusammensetzt. Die fünf Aggregate sind jedoch selbst ein Fluß sich ständig verändernder Phänomene, die wiederum keine eigenständigen Wesenheiten darstellen. Solange wir das verstehen, können wir ruhig das Wort „Ich" benutzen. Wenn unser Geist für die Tatsache offen ist, daß das Selbst aus Nicht-Selbst-Elementen besteht, können wir den Begriff „Selbst" ohne Furcht gebrauchen – wie der Buddha, als er Ananda fragte: „Möchtest *du* mit *mir* zum Geiergipfel kommen?"

Die falschen Sichtweisen bezüglich des Selbst lassen sich folgendermaßen aufzählen:

1. Der Körper ist das Selbst (*satkāyadṛṣṭi*).

2. Der Körper ist nicht das Selbst, gehört aber dem Selbst.

3. Der Körper ist im Selbst, und das Selbst ist im Körper.

4. Der Körper ist nicht das Selbst, aber er ist auch nicht etwas vom Selbst Unabhängiges.

5. Die Welt ist das Selbst, das Selbst ist die Welt.

Es ist wichtig, im Sinn zu behalten, daß wir über das Nicht-Selbst meditieren, um der Vorstellung einer dauerhaften und unwandelbaren Selbst-Substanz entgegenzuwirken und nicht, um die Theorie eines Nihilismus einzusetzen. Eternalismus und Nihilismus sind beides falsche Sichtweisen, Fallen, vor denen der Buddha seine Schüler gewarnt hat. Die Sicht der Dauerhaftigkeit (Pali *sassata-diṭṭhi*) und die Sicht, daß nichts existiert (Pali *uccheda-diṭṭhi*), sind die Grundlage jeglichen falschen Denkens. Wenn es uns gelingt, über diese beiden falschen Sichtweisen hinauszugelangen, können wir das Wort „Ich" frei und nach Belieben verwenden – so wie es der Buddha tat, als er sagte: „Dieser Körper ist nicht ich" oder „Ich bin nicht dieser Körper." Das Selbst mit der Welt gleichzusetzen, ist ebenfalls eine verwirrte Annahme, wenn es uns auf eine eternalistische oder nihilistische Sichtweise festlegt, wie: „Ich bin das Universum. Solange es das Universum gibt, existiere ich. Wenn es das Universum nicht mehr gibt, höre auch ich zu existieren auf." So ist es nicht, denn die Realität ist in Wahrheit ohne Geburt und Tod, ohne ein Selbst und ohne ein Anderes. Sie kommt nicht, und sie geht nicht. Nur indem wir diese Realität erkennen, können wir die falsche Sicht eines Selbst überwinden. Diejenigen, die immer wieder „Nicht-Selbst" als religiöse Doktrin im Munde führen, haben höchstwahrscheinlich den Weg verloren und eine nihilistische Sicht entwickelt.

*Ü*bung dreiundzwanzig
In Kontakt Sein, Tiefes Schauen

1. Einatmend betrachte ich mich als fünfjähriges Kind. Ausatmend lächle ich dem fünfjährigen Kind voll Mitgefühl zu.	Ich selbst, fünf Jahre alt Lächeln
2. Einatmend betrachte ich mich als fünfundsiebzig Jahre alten Menschen. Ausatmend lächle ich dem fünfundsiebzig Jahre alten Menschen zu.	Ich selbst, fünfundsiebzig Jahre alt Lächeln
3. Einatmend betrachte ich meinen physischen Körper jetzt. Ausatmend lächle ich meinem physischen Körper jetzt zu.	Mein Körper jetzt Lächeln
4. Einatmend bin ich mir meines jetzigen Gesichtsausdrucks bewußt.	Gesichtsausdruck jetzt

Ausatmend lächle ich meinem
jetzigen Gesichtsausdruck zu.

Lächeln

5. Einatmend bin ich mir
des Zustands meiner
Haut bewußt.
Ausatmend lächle ich dem
Zustand meiner Haut zu.

Zustand der Haut

Lächeln

6. Einatmend bin ich mir
des Zustands meiner Haare
bewußt.
Ausatmend lächle ich dem
Zustand meiner Haare zu.

Zustand der Haare

Lächeln

7. Einatmend bin ich mir
des Zustands meines Herzens
bewußt.
Ausatmend lächle ich dem
Zustand meines Herzens zu.

Zustand des Herzens

Lächeln

8. Einatmend bin ich mir
des Zustands meiner Lunge
bewußt.
Ausatmend lächle ich dem
Zustand meiner Lunge zu.

Zustand der Lunge

Lächeln

9. Einatmend bin ich mir
des Zustands meiner Leber
bewußt.
Ausatmend lächle ich dem
Zustand meiner Leber zu.

Zustand der Leber

Lächeln

10. Einatmend bin ich mir
    des Zustands meiner
    Gedärme bewußt.
    Ausatmend lächle ich dem
    Zustand meiner Gedärme zu.

    Zustand der Gedärme

    Lächeln

11. Einatmend bin ich mir
    des Zustands meiner Nieren
    bewußt.
    Ausatmend lächle ich dem
    Zustand meiner Nieren zu.

    Zustand der Nieren

    Lächeln

12. Einatmend sorge ich für
    mein Herz.
    Ausatmend lächle ich
    meinem Herzen zu.

    Fürsorge für das Herz

    Dem Herzen
    zulächeln

13. Einatmend sorge ich für
    meine Lunge.
    Ausatmend lächle ich meiner
    Lunge zu.

    Fürsorge für die
    Lunge
    Der Lunge zulächeln

14. Einatmend sorge ich für
    meine Leber.
    Ausatmend lächle ich meiner
    Leber zu.

    Fürsorge für die
    Leber
    Der Leber zulächeln

15. Einatmend sorge ich für
    meine Gedärme.
    Ausatmend lächle ich meinen
    Gedärmen zu.

    Fürsorge für die
    Gedärme
    Den Gedärmen
    zulächeln

16. Einatmend sorge ich für
    meine Nieren.

    Fürsorge für die
    Nieren

Ausatmend lächle ich meinen Nieren zu.	Den Nieren zulächeln
17. Einatmend sorge ich für mein Gehirn. Ausatmend lächle ich meinem Gehirn zu.	Fürsorge für das Gehirn Dem Gehirn zulächeln

Diese Übung bringt uns in Kontakt mit unserem Körper und verhilft uns zu einem Gewahrsein des Zustandes jedes seiner Teile. Sie hilft uns, für jeden Körperteil Fürsorge und Mitgefühl auszudrücken. Es ist eine auf den Körper bezogene Mitgefühlsübung. Sie lehrt uns, achtsam zu leben, um unsere Gesundheit sowie den Frieden und die Freude unseres Körpers zu bewahren. Wir lernen, Tag für Tag achtsam zu essen, zu trinken, zu schlafen, zu ruhen und zu arbeiten, um unserem Körper keine Giftstoffe zuzuführen. Wir lernen, die Körperteile (Herz, Eingeweide, Nieren usw.) nicht bis zur Erschöpfung zu beanspruchen, sie ausruhen, sich erfrischen und ihre normale Funktionsfähigkeit wiederherstellen zu lassen.

Übung vierundzwanzig
Tiefes Schauen

1. Einatmend bin ich mir
des Zustandes meiner
körperlichen Gesundheit
bewußt.
Ausatmend lächle ich dem
Zustand meiner körperlichen
Gesundheit zu.

   Der körperlichen
   Gesundheit bewußt

   Lächeln

2. Einatmend erkenne ich
Giftstoffe wie Zucker, Alkohol
und Drogen in meinem Körper.
Ausatmend erkenne ich, daß
diese Giftstoffe den Körper
erschöpfen.

   Giftstoffe im Körper

   Erschöpfen den
   Körper

3. Einatmend erkenne ich, wie ich
meinem Körper diese Giftstoffe
wie Zucker und Rauschmittel
täglich selbst zuführe.
Ausatmend erkenne ich, daß
diese Giftstoffe sich von Tag zu
Tag ansammeln.

   Gifte, jeden Tag
   konsumiert

   Gifte, jeden Tag
   angesammelt

4. Einatmend erkenne ich
   die Notwendigkeit, achtsam
   zu konsumieren.
   Ausatmend bin ich
   entschlossen, nahrhafte
   Speisen zu mir zu nehmen
   und keine körperlich
   schädlichen Substanzen mehr
   zu konsumieren.

   Achtsam
   konsumieren

   Entschlossen

Diese Übung ist mit Übung dreiundzwanzig verbunden. Es kann sich als hilfreich erweisen, ein Blatt Papier und einen Stift neben dem Meditationskissen bereitzulegen und aufzuschreiben, wozu Sie sich entschlossen haben.

*Ü*bung *fünfundzwanzig*
Tiefes Schauen

1. Einatmend bin ich mir
   meiner geistigen Gesundheit
   bewußt.
   Ausatmend lächle ich dem
   Zustand meiner geistigen
   Gesundheit zu.

   Der geistigen
   Gesundheit bewußt

   Lächeln

2. Einatmend sehe ich Gifte wie
   Eifersucht und Mißtrauen[1] in
   meinem Bewußtsein.
   Ausatmend weiß ich, daß
   diese Gifte mich und meine
   Nächsten schädigen.

   Gifte im Bewußtsein

   Schädlich für mich
   und andere

3. Einatmend sehe ich, wie ich
   diese giftigen Samen täglich
   selbst gieße und zulasse,
   daß sie genährt werden.

   Gifte, täglich genährt

1 Auch Angst, Besorgtheit, Haß, Gewalt, Arroganz, Leidenschaft, Intoleranz,
Illusion, Vorurteil…

Ausatmend weiß ich, daß das
Leiden täglich mehr wird,
wenn ich so weiterlebe.

Jeden Tag mehr
Leiden

4. Einatmend bin ich
entschlossen, diese Samen
nicht mehr zu gießen.
Ausatmend bin ich
entschlossen, Dinge zu tun,
wie achtsam zu atmen, zu
lächeln und zu gehen[2], und
Dinge zu lassen, wie
verurteilen, Vorwürfe machen,
Vergleiche anstellen[3], um die
Gifte zu schwächen und zu
transformieren.

Entschlossen, mich
zu ändern

Handeln

Diese Übung kann, ebenso wie die vorherge-
hende, mit Hilfe von Papier und Bleistift geübt werden.
Das Prinzip ist das gleiche wie bei Übung vierundzwan-
zig. Der erste Schritt besteht darin, die Gifte zu erkennen, die bereits in uns sind. Danach identifizieren wir
die Gifte, die zur Zeit in unseren Körper und Geist auf-
genommen werden, und auf der dritten Stufe sind wir
in der Lage zu entscheiden, was wir tun und was wir
lassen müssen, um unseren Zustand zu transformieren.
Im ersten Schritt erkennen wir die Gifte, die wir bereits in uns tragen: das Rohmaterial von Haß und Ab-

---

2 Auch Zuhören, Lesen oder Diskutieren von Themen, die die Samen von
Glück, Toleranz, Mitgefühl, Vergebung, Offenheit, Freude … nähren.
3 Auch Zuhören, Lesen oder Anschauen von Material, das geeignet ist, die
Samen der in Fußnote 1 erwähnten Gifte zu nähren.

neigung, Angst, Gewalt, Leidenschaft und Ärger, von dem wir wissen, daß es in unserem Unterbewußtsein liegt, bereit, jeden Augenblick an die Oberfläche zu kommen und Leiden zu verursachen.

Im zweiten Schritt erkennen wir die Übel, die uns im Alltag dauernd überfluten. Wie häufig sind wir Gewalt, Angst, Haß, sinnloser Leidenschaft und so weiter ausgesetzt, wenn nicht direkt, dann durch Filme, Lesestoff und Gespräche. Die Gesellschaft ist voll von Gewalt und Haß, die sich im kollektiven Bewußtsein sammeln. Wenn wir uns in unserem Alltag nicht von zerstörerischem Material und schädigenden Einflüssen fernzuhalten wissen, werden die Samen von Gewalt, Haß und Leiden andauernd in uns genährt. Wir müssen uns sehr bewußt machen, was wir täglich hören, sehen und lesen. Wir müssen uns der kulturellen Produkte bewußt werden, die wir konsumieren, und auch der Menschen, mit denen wir Erfahrungen austauschen und Gespräche führen. Vergiften uns unsere Bekanntschaften und das, was wir zu uns nehmen?

Der dritte Schritt zeichnet sich durch unseren Entschluß aus, in Achtsamkeit zu leben und uns nicht weiterhin zu vergiften. Wir entschließen uns, die Dinge aufzugeben, die Körper und Geist schädigen. Wir wählen unsere Filme und unseren Lesestoff sorgfältig aus, und genauso großen Wert legen wir auf die Auswahl unserer Bekanntschaften und Gespräche. Das ist überhaupt nicht schwierig, wenn die uns umgebenden Menschen, unsere Familie und unsere Gemeinschaft, entschlossen sind, mit uns zu üben. Die Einsichten, die wir in unserer Meditation gewinnen, können wir auf einem Blatt Papier festhalten. Auf diese Weise schafft man eine gesunde Lebensführung. Indem wir uns an diese gesunde Lebensführung halten, stellen wir die Gesundheit von

Körper und Geist wieder her und gewinnen neue Lebensfreude. Am besten wäre es, wenn wir diese Übung mit unserer Familie teilen könnten oder mit den Menschen, mit denen wir zusammenleben.

Übung sechsundzwanzig
Tiefes Schauen

1. Einatmend visualisiere ich
   einen Schaden, den ich früher
   angerichtet habe.
   Ausatmend sehe ich das
   Leiden, das ich in der
   Vergangenheit verursacht
   habe.

   Angerichteter
   Schaden

   Verursachtes Leiden

2. Einatmend sehe ich meinen
   Mangel an Verständnis, der
   mich das hat tun lassen.
   Ausatmend sehe ich meinen
   Mangel an Achtsamkeit, der
   mich das hat tun lassen.

   Mangel an
   Verständnis

   Mangel an
   Achtsamkeit

3. Einatmend sehe ich die
   Vergangenheit jetzt in mir
   gegenwärtig.
   Ausatmend sehe ich die
   Wunden der Vergangenheit
   jetzt in mir gegenwärtig.

   Vergangenheit jetzt
   in mir gegenwärtig

   Wunden jetzt in mir
   gegenwärtig

4. Einatmend sehe ich die Vergangenheit jetzt im Anderen gegenwärtig. Ausatmend sehe ich die Wunden der Vergangenheit jetzt im Anderen gegenwärtig.

Vergangenheit jetzt im Anderen gegenwärtig
Wunden jetzt im Anderen gegenwärtig

5. Einatmend bitte ich um Verzeihung. Ausatmend bin ich entschlossen, es nicht wieder zu tun.

Bitte um Verzeihung

Entschluß, es nicht zu wiederholen

6. Einatmend sehe ich, daß die Fünf Wunderbaren Grundsätze den Anderen und mich schützen. Ausatmend bin ich entschlossen, die Grundsätze tief zu üben.

Schutz der Grundsätze

Tiefe Übung der Grundsätze

7. Einatmend weiß ich, daß ich durch Transformation der Gegenwart die Vergangenheit verwandle. Ausatmend bin ich entschlossen, in der Gegenwart achtsam und verständnisvoll zu sein.

Verwandlung der Vergangenheit durch Transformation der Gegenwart
Jetzt achtsam und verständnisvoll

8. Einatmend lächle ich der Gegenwart zu.

Anlächeln der Gegenwart

Ausatmend bin ich entschlossen, mich gut um die Gegenwart zu kümmern.

Gut kümmern um die Gegenwart

9. Einatmend verwandle ich die Vergangenheit, indem ich jetzt gut handle.
Ausatmend sehe ich, daß meine jetzigen Handlungen die Zukunft beeinflussen.

Gutes Handeln jetzt transformiert Vergangenheit
Zukunft beeinflussen

Diese Übung soll uns befähigen, loszulassen und ein neues Leben anzufangen. Wir alle haben Fehler gemacht, haben andere verletzt, ganz besonders diejenigen, die uns nahestehen. Häufig wurden wir auch selbst verletzt – von unseren Eltern, unserer Gesellschaft, denen, die zu lieben wir gelobt haben. Wir wissen aber auch, daß wir wegen unseres Mangels an Verständnis und Achtsamkeit unsere Wunden mehr oder weniger selbst verschuldet haben. Schlimmer noch, da es uns an Verständnis und Achtsamkeit fehlt, konnten wir die Wunden, die wir tief in uns tragen, auch nicht transformieren. Diese Übung verhilft uns vor allem zu der Erkenntnis, daß unsere Verletzungen häufig selbstverschuldet sind. Wenn wir unsere Verantwortung anerkennen können, machen wir uns keine Vorwürfe mehr oder schämen uns, stattdessen empfinden wir Mitgefühl für uns selbst und fassen den Entschluß, neu anzufangen. Die Vergangenheit ist nicht verlorengegangen, sie ist zur Gegenwart geworden. Wenn wir in Kontakt mit der Gegenwart sein können, sind wir auch in Kontakt mit der Vergangenheit. Und wenn wir verantwörtlich in der Gegenwart leben und sie verwandeln, können wir auch die Vergangenheit verwandeln. Wie wir in Übung dreiunddreißig sehen werden, sind die Fünf Richtlinien keine strikten Gebote, die uns zwingen, sondern die Frucht der Achtsamkeit und eines erwachten Geistes. Sie schützen uns bloß und garantieren unseren eigenen Frieden und den Frieden der anderen. Haben wir die Richtlinien als Grundlage, können wir anderen augenblicklich wieder Freude bringen und sie von ihrem Leiden befreien.

Übung siebenundzwanzig
Tiefes Schauen, Lösen

1. Einatmend betrachte ich einen zornigen Menschen.	Zorniger Mensch
Ausatmend erkenne ich das Leiden dieses Menschen.	Leiden
2. Einatmend betrachte ich den Schaden, der für einen selbst und andere vom Zorn angerichtet wird.	Zorn schadet einem selbst und anderen
Ausatmend erkenne ich, wie Zorn Glück verbrennt und zerstört.	Zorn zerstört Glück
3. Einatmend erkenne ich die Wurzeln des Zorns in meinem Körper.	Wurzeln des Zorns im Körper
Ausatmend erkenne ich die Wurzeln des Zorns in meinem Bewußtsein.	Wurzeln des Zorns im Bewußtsein

4. Einatmend erkenne ich in Stolz   Wurzeln des Zorns in
   und Unwissenheit die Wurzeln   Stolz und
   des Zorns.   Unwissenheit
   Ausatmend lächle ich meinem   Lächeln
   Stolz und meiner Unwissenheit
   zu.

5. Einatmend sehe ich den   Zorniger Mensch
   zornigen Menschen leiden.   leidet
   Ausatmend empfinde ich   Mitgefühl empfinden
   Mitgefühl für den zornigen
   Menschen.

6. Einatmend sehe ich die   Zorniger Mensch ist
   unangenehme Umgebung   unglücklich
   und das Unglück des
   zornigen Menschen.
   Ausatmend verstehe ich die   Unglück verstehen
   Ursachen für dieses Unglück.

7. Einatmend sehe ich mich   Von Zorn verbrannt
   selbst im Feuer des Zorns
   verbrennen.
   Ausatmend empfinde ich   Mitgefühl mit mir
   Mitgefühl mit mir selbst im   selbst
   Feuer des Zorns.

8. Einatmend weiß ich, daß der   Zorn macht mich
   Zorn mich häßlich macht.   häßlich
   Ausatmend erkenne ich, daß   Ich verursache meine
   ich selbst die Hauptursache für   Häßlichkeit
   meine Häßlichkeit bin.

147

9. Einatmend erkenne ich,
   daß ich im Zorn einem
   brennenden Haus gleiche.
   Ausatmend kümmere ich
   mich um meinen Zorn und
   kehre heim zu mir selbst.

   Ich bin ein
   brennendes Haus

   Ich sorge für mich

10. Einatmend kontempliere ich,
    dem zornigen Menschen zu
    helfen.
    Ausatmend sehe ich mich in
    der Lage, dem zornigen
    Menschen zu helfen.

    Zornigem Menschen
    helfen

    In der Lage zu helfen

Der Buddha hat gelehrt, daß das Feuer des Zorns in der Lage ist, alles zu verbrennen, was wir getan haben, um Glück für uns selbst und andere zu schaffen. Es gibt niemanden, der nicht Samen des Zorns in seinem Herzen trägt, und wenn diese Samen täglich genährt werden, wachsen sie sehr schnell und ersticken uns und unsere Nächsten.

Wenn wir zornig sind, sollten wir durch achtsames Atmen zu uns selbst heimkehren. Wir sollten den Anblick und das Gespräch mit demjenigen, der uns zornig macht und leiden läßt, zunächst meiden. Tatsächlich ist die Hauptursache für unser Leiden ja der Same des Zorns in uns selbst. Der andere Mensch hat vielleicht ungeschickt oder unachtsam geredet oder gehandelt. Aber seine ungeschickten Worte rühren aus seinem eigenen Leiden. Vielleicht sucht er nur Erleichterung, hofft zu überleben. Übermäßiges Leiden eines Menschen fließt häufig auf andere über. Ein Mensch, der leidet, braucht unsere Hilfe, nicht unseren Zorn. Das erkennen wir, sobald wir unseren eigenen Zorn mit Hilfe unseres Atems untersuchen.

Der Buddha hat gesagt, daß Zorn uns häßlich macht. Wenn es uns gelingt zu atmen, sobald wir zornig werden, und die Häßlichkeit zu erkennen, die der Zorn mit sich bringt, dient diese Erkenntnis als Glocke der Achtsamkeit. Wir atmen und lächeln achtsam, um wieder etwas Ausgeglichenheit in unser Herz zu bringen; gleichzeitig entspannen wir das Nervensystem und unsere verspannten Gesichtsmuskeln. Wir müssen beim achtsamen Atmen bleiben, während wir Gehmeditation an der frischen Luft üben und tief schauen, was passiert ist. Achtsamkeit und bewußtes Atmen sind Energiequellen, die den Sturm des Zorns besänftigen können, der ja ebenfalls Energie ist. Wenn wir Achtsamkeit üben, um so für unseren Zorn zu sorgen, wie eine Mutter ihr schreiendes Baby voll Zuneigung in den Arm nimmt, werden wir den Sturm nicht nur beruhigen können, sondern wir werden auch herausfinden, woher unser Zorn in Wirklichkeit kommt. Auf diese Weise wird unsere sorgfältig angewandte Übung die Samen des Zorns in uns transformieren können.

Übung achtundzwanzig

In Kontakt Sein, Tiefes Schauen

1. Einatmend bin ich in Kontakt
   mit der Blume.
   Ausatmend bin ich in Kontakt
   mit dem Duft und der
   Schönheit der Blume.

   Blume

   Schönheit und Duft

2. Einatmend bin ich in Kontakt
   mit der Sonne in der Blume
   Ausatmend weiß ich, daß ohne
   Sonne die Blume nicht wäre.

   Sonne in der Blume

   Ohne Sonne keine
   Blume

3. Einatmend bin ich in Kontakt
   mit der Wolke in der Blume.
   Ausatmend weiß ich, daß ohne
   Wolke die Blume nicht wäre.

   Wolke in der Blume

   Ohne Wolke keine
   Blume

4. Einatmend bin ich in Kontakt
   mit der Erde in der Blume.
   Ausatmend weiß ich, daß ohne
   Erde die Blume nicht wäre.

   Erde in der Blume

   Ohne Erde keine
   Blume

Jane Hundley
**Die Macht Ihrer Ausstrahlung
Vom Image zum wahren Selbst**

Jane Hundley lenkt unser Augenmerk auf das „gewisse Etwas", das, was jenseits aller Worte liegt, und präsentiert es so klar, daß es erkannt und entwickelt werden kann.
Dieses Buch ist von unschätzbarem Wert für jeden Menschen, der sein ganzes Potential als einzigartiges, lebendiges und atmendes Kunstwerk zum Ausdruck bringen möchte.

Huanchu Daoren
Zum Anfang zurück

„Menschen, die erfolgreich in ihrer Arbeit sind, sind meistens aufgeschlossen und ausgeglichen. Jene, die in ihren Unterhehmungen scheitern und Gelegenheiten verpassen, sind meistens starrsinnig und unflexibel."

AURUM VERLAG · BRAUNSCHWEIG

Aurum Verlag
Georg Westermann-Allee 66

38104 Braunschweig

Wir möchten Sie gerne über weitere Titel aus dem Aurum-Programm informieren. Bitte teilen Sie uns auf uns auf dieser Postkarte Ihre Adresse mit.

Name

Beruf

Straße

PLZ/Wohnort

5. Einatmend bin ich in Kontakt mit der Luft in der Blume. Ausatmend weiß ich, daß ohne Luft die Blume nicht wäre.

Luft in der Blume

Ohne Luft keine Blume

6. Einatmend bin ich in Kontakt mit dem Raum in der Blume. Ausatmend weiß ich, daß ohne Raum die Blume nicht wäre.

Raum in der Blume

Ohne Raum keine Blume

7. Einatmend bin ich in Kontakt mit dem Bewußtsein in der Blume. Ausatmend weiß ich, daß ohne Bewußtsein die Blume nicht wäre.

Bewußtsein in der Blume

Ohne Bewußtsein keine Blume

8. Einatmend weiß ich, daß die Blume aus den sechs Elementen manifest wird. Ausatmend lächle ich den sechs Elementen in der Blume zu.

Blume aus sechs Elementen

Lächeln

9. Einatmend sehe ich die Vergänglichkeit der Blume. Ausatmend sehe ich die Blume auf dem Weg, Abfall zu werden.

Blume vergänglich

Blume wird zu Abfall

10. Einatmend bin ich in Kontakt mit dem Abfall.

Abfall

Ausatmend bin ich in Kontakt
mit der Unreinheit und dem
Geruch des Abfalls.

Unreinheit und
Geruch

11. Einatmend bin ich in Kontakt
mit dem Abfall, der aus den
sechs Elementen entsteht.
Ausatmend lächle ich den
sechs Elementen im Abfall zu.

Abfall aus sechs
Elementen

Lächeln

12. Einatmend sehe ich die
Vergänglichkeit des Abfalls.
Ausatmend sehe ich den
Abfall auf dem Weg, Blume
zu werden.

Abfall vergänglich

Abfall wird zur
Blume

13. Einatmend bin ich in Kontakt
mit der Wolke im Abfall.
Ausatmend weiß ich, daß
ohne Wolke der Abfall nicht
wäre.

Wolke im Abfall

Ohne Wolke kein
Abfall

14. Einatmend bin ich in Kontakt
mit der Erde im Abfall.
Ausatmend weiß ich, daß
ohne Erde der Abfall nicht
wäre.

Erde im Abfall

Ohne Erde kein
Abfall

15. Einatmend bin ich in Kontakt
mit der Luft im Abfall.
Ausatmend weiß ich, daß
ohne Luft der Abfall nicht
wäre.

Luft im Abfall

Ohne Luft kein Abfall

16. Einatmend bin ich in Kontakt mit dem Raum im Abfall.	Raum im Abfall
Ausatmend weiß ich, daß ohne Raum der Abfall nicht wäre.	Ohne Raum kein Abfall
17. Einatmend bin ich in Kontakt mit dem Bewußtsein im Abfall.	Bewußtsein im Abfall
Ausatmend weiß ich, daß ohne Bewußtsein der Abfall nicht wäre.	Ohne Bewußtsein kein Abfall

Diese Übung hilft uns, das abhängige Entstehen und die Nicht-Dualität von allem, was ist, zu erkennen. Abhängiges Entstehen wird im Avatamsaka-Sūtra als Intersein und gegenseitige Durchdringung beschrieben. Wir müssen das Eine im Vielen und das Viele im Einen erkennen lernen. Nicht-Dualität bedeutet, daß es nicht zwei gibt, aber es bedeutet nicht, daß es nur eins gibt. Die Vorstellung von eins geht Hand in Hand mit der Vorstellung von zwei und der Idee von *viele.* Im Verstehen des Interseins und der Nicht-Dualität, werden wir fähig, unsere Sorgen und Ängste zu verwandeln und die Blockaden unserer Wahrnehmung zu beseitigen, die das Ergebnis gewohnheitsmäßigen Konzeptualisierens und Unterscheidens sind. Die Grenzen zwischen Geburt und Tod, Sein und Nicht-Sein, Verblendung und Reinheit werden beseitigt, und wir sind fähig, angstfrei in der Freiheit des grenzenlosen Raums zu leben.

Übung *neunundzwanzig*
Achtsamkeit auf den Erwachten

1. Einatmend sehe ich vor mir den Buddha in der Haltung der Sitzmeditation.
   Ausatmend lege ich respektvoll meine Handflächen zusammen.

   Buddha sitzend

   Handflächen zusammen

2. Einatmend sehe ich den Buddha in mir.
   Ausatmend sehe ich mich im Buddha.

   Buddha in mir

   Ich im Buddha

3. Einatmend sehe ich, während der Buddha lächelt, die Grenze zwischen mir und dem Buddha verschwinden.
   Ausatmend sehe ich, während ich lächle, die Grenze zwischen dem, der Respekt erfährt, und dem, der respektiert, verschwinden.

   Buddha lächelt, keine Grenze

   Ich lächle, keine Grenze

4. Einatmend verbeuge ich mich   Tiefe Verbeugung vor
   tief vor dem Buddha.   dem Buddha
   Ausatmend geht die Kraft des   Kraft des Buddha in
   Buddha in mich ein.   mir

Diese Meditation wird in Ländern mit buddhistischer Tradition seit mehr als tausend Jahren geübt. In Vietnam wird sie in Zeremonien angewendet, bevor die Anwesenden sich tief vor dem Buddha verneigen. Die traditionelle Formel lautet: *„Da die Natur des sich Verbeugenden und die Natur desjenigen, dem die Verbeugung gilt, leer ist, ist die Verständigung zwischen uns vollkommen."* Diese Meditation wurzelt in den Lehren von Intersein, Leerheit und Nicht-Dualität. Gemäß der Lehren vom abhängigen Entstehen sind sowohl der Buddha als auch derjenige, der sich vor ihm verneigt, aus Ursachen und Bedingungen entstanden und können nicht getrennt von allem anderen existieren. Das ist gemeint, wenn wir sagen, daß beide leer seien. In diesem Zusammenhang bedeutet Leerheit die Abwesenheit autonomen Entstehens, unabhängiger Wesenhaftigkeit. In mir sind viele Elemente, die nicht ich sind, und eines dieser Elemente ist der Buddha. Im Buddha sind viele Elemente, die nicht der Buddha sind, und eines dieser Elemente bin ich. Diese Einsicht befähigt mich, die tiefe Verbundenheit zwischen dem Buddha und mir zu erkennen, und diese Einsicht gibt auch der Zeremonie der Verehrung des Buddha ihren tiefsten Sinn. Es ist sehr selten, daß man in religiösen Traditionen diese Gleichheit zwischen dem Verehrenden und dem Verehrten derart unmißverständlich ausgedrückt findet. Wenn wir auf diese Weise verehren, fühlen wir uns nicht schwach oder bedürftig.

Statt dessen sind wir voll Vertrauen in unsere Fähigkeit zu erwachen, wie der Buddha erwacht ist. Diese Übung kann in der Sitzmeditation geübt werden oder während wir uns tief vor dem Buddha, vor Christus, den Bodhisattvas und so weiter verneigen.

Übung dreißig
Achtsamkeit auf den Erwachten

1. Einatmend sehe ich den Buddha vor mir.
   Ausatmend lege ich respektvoll meine Handflächen zusammen.

   Buddha vor mir

   Handflächen zusammen

2. Einatmend sehe ich den Buddha vor mir und hinter mir.
   Ausatmend lege ich meine Handflächen zusammen und neige mein Haupt in Respekt vor dem Buddha vor mir und hinter mir.

   Buddha vor mir und hinter mir

   Handflächen zusammen, verneigen

3. Einatmend sehe ich in den zehn Richtungen Buddhas, so zahlreich wie Sandkörner im Ganges.
   Ausatmend sehe ich ein Abbild meiner selbst sich vor jedem dieser Buddhas verneigen.

   Zahllose Buddhas

   Ein Abbild meiner selbst verneigt sich vor jedem Buddha

Diese Übung ist eine Weiterführung der vorhergegangenen. Auch sie wird seit über tausend Jahren in der buddhistischen Tradition geübt. Die ursprüngliche Formulierung dieser Übung lautet etwa folgendermaßen: „*Die Übungsplattform, die ich vor mir sehe, ist das Juwelennetz des Indra. Alle Buddhas der zehn Richtungen erscheinen in jedem der zahllosen Juwelen gespiegelt, und auch mein eigenes Bild, das vor jedem dieser Buddhas steht, spiegelt sich in jedem der kostbaren Edelsteine. Während ich mein Haupt vor einem Buddha beuge, verehre ich gleichzeitig alle Buddhas in den zehn Richtungen.*" Die Quelle dieser Übung ist das Avatamsaka-Sūtra. Sie ist auf das Prinzip gegründet, daß alles eines ist und eines alles. Diese Übung hilft uns, die Wahrnehmung von uns selbst über die Perspektive der fünf Aggregate hinaus auszudehnen, die immer vom Rahmenwerk aus Raum und Zeit begrenzt ist. Sie hilft uns auch wahrzunehmen, wie wir mit allen Wundern des Universums in Wechselwirkung stehen.

Diese Übung kann, wie die vorige, sowohl in der Sitzmeditation als auch während der tiefen Verbeugung geübt werden.

Übung einunddreißig
Tiefes Schauen

1. Einatmend sehe ich mich selbst als Ansammlung der fünf Aggregate.
   Ausatmend sehe ich die Verwurzelung der fünf Aggregate in allem, was existiert.

   Ich als fünf Aggregate

   Wurzeln in allem, was existiert

2. Einatmend bin ich mir bewußt, daß mein Selbst nur aus Nicht-Selbst-Elementen (Dunst, Wasser, Luft, Ahnen, Gewohnheiten, Gesellschaft, Wirtschaftssystem…) besteht.
   Ausatmend erkenne ich, daß es Menschen nicht ohne Tiere, Pflanzen und Mineralien geben kann.

   Mein Selbst besteht aus Nicht-Selbst-Elementen

   Keine Menschen ohne die anderen Lebensformen

3. Einatmend bin ich mir der Spezies Mensch als Form der Spezies Tier bewußt, obwohl

   Menschen eine Form der Spezies Tier

sie eine Kultur und Herrschaft
über die Erde erlangt hat.
Ausatmend sehe ich, daß es
ohne Tiere, Pflanzen und
Mineralien keine Menschen
geben kann.

Keine Menschen
ohne die anderen
Lebensformen

4. Einatmend sehe ich die
Präsenz der menschlichen
Form in den Formen der Tiere,
Pflanzen und Mineralien.
Ausatmend erkenne ich, daß
meine Vorstellung, zu einer
getrennten, unabhängigen
Lebensform zu gehören, ein
Irrtum ist.

Menschen in Tieren,
Pflanzen und
Mineralien

Getrennte
Lebensform
irrtümliche
Vorstellung

5. Einatmend sehe ich alle Tiere
als Geburt und Tod
unterworfen, mit Gefühlen
und Bewußtsein.
Ausatmend sehe ich, daß alle
Tiere nicht ohne die Pflanzen
und Mineralien, Sonne, Wasser
und Luft existieren könnten.

Alle Tiere haben
Gefühle und
Bewußtsein, sind
vergänglich
Keine Tiere ohne
Pflanzen und
Mineralien

6. Einatmend sehe ich die
Präsenz der Tiere in der
Präsenz der nichtfühlenden
Formen, wie Pflanzen, Sonne,
Mineralien, Wasser und Luft.
Ausatmend erkenne ich meine
Alltagswahrnehmung von
Tieren als Irrtum.

Tiere in
nichtfühlenden
Formen

Alltagswahrnehmung
von Tieren Irrtum

7. Einatmend sehe ich, daß mein Leben mit der Geburt beginnt und mit dem Tode endet.	Mein Anfang, mein Ende
Ausatmend erkenne ich, daß ich schon vor meiner Geburt in vielen Formen gegenwärtig war und daß ich nach meinem Tode in vielen Formen gegenwärtig sein werde (wie Sonne, Wasser, Luft, Erde, Ahnen, Nachkommen, Gewohnheiten, Gesellschaft, Wirtschaftssystem…).	Kein Anfang, kein Ende

8. Einatmend erkenne ich, daß meine Lebensspanne nicht von Geburt und Tod begrenzt ist.	Leben unbegrenzt
Ausatmend erkenne ich, daß meine Wahrnehmung einer Lebensspanne ein Irrtum ist.	Wahrnehmung einer Lebensspanne Irrtum

Diese Übung wurzelt im Vajracchedika Prajñā-pāramitā-Sūtra (auch als Diamant-Sūtra bekannt) und soll uns helfen, unsere gewohnheitsmäßigen Gedankenmuster zu durchbrechen. In diesem Fall geht es um die folgenden vier Konzepte:

1. Das Konzept, daß ich als getrenntes Wesen existiere. (Teil 1 und 2)

2. Das Konzept, daß die Spezies Mensch als getrennte Spezies existiert. (Teil 3 und 4)
3. Das Konzept einer getrennt existierenden Spezies Tier. (Teil 5 und 6)
4. Das Konzept einer Lebensspanne, die mit der Geburt beginnt und mit dem Tod endet. (Teil 7 und 8)

Die Quintessenz aller buddhistischen Lehren ist die Lehre von der Leerheit (Sanskrit *śūnyatā*). Leerheit ist ein Weg, um auszudrücken, daß jede Spezies in Verbindung mit und in Abhängigkeit von allen anderen existiert. Unsere Meditationspraxis zerbricht die Grenzen zwischen uns und dem, was das Andere zu sein scheint; der Lebensform Mensch und allen anderen Lebensformen; einer kurzen, von Raum und Zeit begrenzten, Lebensspanne und einer Lebensspanne ohne solche Grenzen. Wenn wir unsere gewohnheitsmäßigen Konzepte und Denkmuster durchbrechen können, gelangen wir in einen Zustand der Furchtlosigkeit, und unsere Liebe für alle Lebensformen wird dieselbe sein wie die Liebe für uns selbst. Unsere Praxis wird den Schutz allen Lebens beinhalten, sei es pflanzlicher, tierischer oder mineralischer Art. Jeder, der für den Schutz der Pflanzen, der Tiere und der Umwelt arbeitet, kann das Diamant-Sūtra als Grundlagentext benutzen.

Wenn wir in Übereinstimmung mit seinen Aussagen handeln wollen, dürfen wir Zorn, Verdruß und Verzweiflung nicht nachgeben. Wenn wir unsere Handlungen auf Wahrnehmungen gründen, die unsere geistigen Schranken weit öffnen, werden wir wissen, daß wir in unserer Arbeit für alle Lebensformen nur Verständnis und Liebe einsetzen dürfen. Bei dieser Aufgabe werden wir Glück und Frieden empfinden.

Übung zweiunddreißig
Tiefes Schauen

1. Einatmend sehe ich mich ein Herbstblatt aufheben.
   Ausatmend berühre ich die wunderbare, mit allem verbundene Natur dieses Blattes.

   Blatt aufheben

   Mit allem verbundene Natur

2. Einatmend bin ich mir meiner Lebendigkeit hier und jetzt bewußt.
   Ausatmend berühre ich die wunderbare, mit allem verbundene Natur des Lebens in mir und um mich herum.

   Hier und jetzt lebendig

   Mit allem verbundenes Leben in mir und um mich herum

3. Einatmend sehe ich das Blatt zur Erde zurückkehren und als neues Blatt wiedererstehen.
   Ausatmend sehe ich das Blatt in zehntausend Formen von Leben und Tod.

   Blatt zu Erde, Erde zu Blatt

   Zehntausend verschiedene Formen

4. Einatmend sehe ich mich
   selbst als Teil der wunderbaren, mit allem verbundenen
   Existenz.
   Ausatmend sehe ich mich in
   vielerlei Form manifest werden.

   Teil der
   wunderbaren, mit
   allem verbundenen
   Existenz
   Viele verschiedene
   Formen

5. Einatmend sehe ich, daß
   das Blatt nicht wirklich
   geboren wird und nicht
   wirklich stirbt, sondern nur
   geboren zu werden und zu
   sterben scheint.
   Ausatmend erkenne ich, daß
   ich nicht wirklich Geburt und
   Tod durchlaufe, sondern daß
   es nur so scheint.

   Blatt scheint nur
   geboren zu werden
   und zu sterben.

   Ich scheine nur
   geboren zu werden
   und zu sterben.

6. Einatmend sehe ich, daß das
   Blatt einen *nirmāṇakāya* hat
   und überall seine Funktion
   erfüllt.
   Ausatmend sehe ich, daß
   ich einen *nirmāṇakāya* habe
   und überall meine Funktion
   erfülle.

   Blatt erfüllt überall
   sein Funktion.

   Ich erfülle überall
   meine Funktion.

7. Einatmend sehe ich, daß das
   Blatt seit anfangloser Zeit seine
   Aufgabe erfüllt.
   Ausatmend sehe ich, daß ich
   seit anfangloser Zeit meine
   Aufgabe erfülle.

   Aufgabe des Blattes
   anfanglos

   Meine Aufgabe
   anfanglos

8. Einatmend sehe ich, daß das
   Blatt bereits ist, was es zu
   werden wünscht.

   Blatt ist bereits

   Ausatmend sehe ich, daß ich
   bereits bin, was ich zu werden
   wünsche.

   Ich bin bereits

9. Einatmend sehe ich, daß das
   Blatt all seine *nirmāṇakāya*-
   Formen seit anfangloser Zeit
   erwecken kann.

   Anfanglose
   Transformation des
   Blattes

   Ausatmend sehe ich, daß ich
   all meine *nirmāṇakāya*-Formen
   seit anfangloser Zeit erwecken
   kann.

   Meine anfanglose
   Transformation

Diese Übung basiert auf den Einsichten des Avatamsaka und des Saddharmapuṇḍarīka Sūtra. In der Praxis der Achtsamkeit kann der Übende in Kontakt mit dem wunderbaren Aspekt der Wirklichkeit sein, den man den Bereich des Dharma (Sanskrit *dharmadhātu*) nennt. Hier wird er entdecken, daß weder er selbst noch irgend etwas Existierendes Geburt und Tod unterworfen ist. Der Bereich von Geburt und Tod wird die Welt (Sanskrit *lokadhātu)* genannt. Im Bereich des Dharma existieren Geburt, Tod, Sein und Nicht-Sein nicht wirklich. Geburt ist bloß eine Erscheinung, und dasselbe gilt für den Tod. Geboren werden bedeutet, scheinbar geboren zu werden, und sterben bedeutet, scheinbar zu sterben. Das Erscheinen eines Buddha ist in Wahrheit keine neue Manifestation: Es ist bloß ein Erscheinen wie der Auftritt eines Schauspielers auf der Bühne. Das Leben eines Blattes findet bloß scheinbar statt. Obwohl es so aussieht, als erfahre es Geburt und Tod, ist es in Wirklichkeit nicht so. Wenn es vom Baum fällt, scheint es nur zu sterben, so wie ein Buddha ins Nirvana einzugehen scheint. Wenn ein Meditierender dies sehen kann, erkennt er auch, daß seine eigene Geburt und sein eigener Tod nur scheinbar stattfinden. Im Saddharmapuṇḍarīka Sūtra (Lotus-Sūtra) gibt es ein Kapitel über die Lebensspanne eines Buddha und die Kräfte eines Buddha. Jemand, der den Buddha im Sinne des Dharma-Bereichs betrachtet, kann die geburtlose und todlose Natur des Buddha sehen und erkennt, daß ein Buddha nur geboren zu werden und zu sterben scheint.

Die Lebenspanne und die Kräfte eines Buddha sind unermeßlich. Die Lebensspanne und die Kräfte eines Blattes sind wie die eines Buddha – ebenfalls unermeßlich. Dasselbe kann man von uns allen sagen. Das Saddharmapuṇḍarīka Sūtra lehrt uns, drei Dimensionen zu unterscheiden: die historische Dimension, die letztendliche Dimension und die Dimension des Handelns. In der historischen Dimension kann man davon sprechen, daß ein Buddha geboren wird, Erleuchtung erlangt, das Dharma lehrt und ins Nirvana eingeht. In der letztendlichen Dimension ist ein Buddha seit anfangloser Zeit ein Buddha und hat seit anfangloser Zeit das Dharma gelehrt und ist ins Nirvana eingegangen. Der Turm, in dem Buddha Prabhūtaratna sitzt (im Saddharmapuṇḍarīka Sūtra wird erzählt, daß dieser Turm jedesmal dort erscheint, wo die Belehrung dieses Sutra gegeben wird) steht für die letztendliche Dimension. Der Buddha Prabhūtaratna der Vergangenheit kann im gegenwärtigen Augenblick berührt werden. Sakyamuni Buddha ist tatsächlich Buddha Prabhūtaratna. Die Dimension des Handelns ist der Bereich der Bodhisattvas, zum Beispiel Samantabhadra, Avalokitsvara, Bhaisha-jyaraja, Gadgadasvara und Sadā paribhūta. All diese Bodhisattvas reisen in der historischen Dimension, lehren und helfen den Lebewesen. Jeder von ihnen ist bereits seit Urzeiten ein Buddha, und von der Basis der letztendlichen Dimension aus öffnen sie die Dimension des Handelns, das heißt, sie erscheinen in der historischen Dimension, denn diese Dimension ist der Rahmen für ihr Handeln.

Wenn Buddha Sakyamuni und alle anderen Buddhas bloß zu kommen und zu lehren scheinen, während ihre Lebensspanne und ihre Kräfte in Wirklichkeit unermeßlich sind, dann können wir dasselbe vom Blatt und von uns selbst sagen.

Das Saddharmapuṇḍarī ka Sūtra zeigt uns, daß der Buddha keine im Rahmen von Raum und Zeit einsam erscheinende Figur ist. Das Kapitel mit dem Titel „Erscheinung eines Stupa" in diesem Sūtra zeigt uns, daß der Buddha unzählige Transformationskörper besitzt, die in zahllosen Welten erscheinen und Belehrungen geben. Ebenso kann das Blatt beschrieben werden und wir selbst. Jeder von uns hat an jedem Ort einen Transformationskörper, und jede unserer Handlungen, jeder unserer Gedanken und jedes Wort, das wir sprechen, hat weitreichende Wirkungen in den zehn Richtungen. Diese Übung bringt uns eine wundervolle Konzentration nahe. Diese Konzentration wird *saddharmapuṇḍarīka samādhi* genannt.

Übung *dreiunddreißig*
Achtsamkeit auf die Richtlinien

1. Einatmend bin ich mir des Leides bewußt, das durch Töten entsteht.
   Ausatmend bin ich entschlossen, weder zu töten, noch das Töten zu verherrlichen oder anderen das Töten zu gestatten.

   Bewußt, daß Töten Leiden schafft

   Entschlossen, nicht zu töten

2. Einatmend bin ich mir des Leides bewußt, das durch Ausbeutung, Diebstahl und Ungerechtigkeit in der Gesellschaft geschaffen wird.
   Ausatmend bin ich entschlossen, nichts zu nehmen, was anderen gehört.

   Bewußt, daß Diebstahl Leiden schafft

   Entschlossen, nicht zu stehlen

3. Einatmend bin ich mir des Leides bewußt, das durch sexuelles Fehlverhalten geschaffen wird.

   Bewußt, daß sexuelles Fehlverhalten Leiden schafft

Ausatmend bin ich
entschlossen, mich sexuell
nicht falsch zu verhalten.

Entschlossen, mich
sexuell nicht falsch
zu verhalten.

4. Einatmend bin ich
mir des Leides bewußt,
das durch unachtsame
Rede geschaffen wird.
Ausatmend bin ich
entschlossen zu lernen,
anderen zuzuhören und
konstruktive Worte zu
gebrauchen, die Harmonie
schaffen.

Bewußt, daß
unachtsame Rede
Leiden schafft

Entschlossen, tief
zuzuhören und
achtsam zu sprechen

5. Einatmend bin ich mir des
Leides bewußt, das durch
Alkohol und andere Drogen
geschaffen wird.
Ausatmend bin ich
entschlossen, Alkohol und
andere Drogen zu meiden.

Bewußt, daß Alkohol
und Drogen Leiden
schaffen

Entschlossen,
Alkohol und Drogen
zu meiden

6. Einatmend sehe ich, wie
die Fünf Wunderbaren
Grundsätze mich, meine
Nächsten und alle Arten
schützen.
Ausatmend bin ich
entschlossen, die Grundsätze
mein ganzes Leben lang zu
üben, um mich, andere und
alle Lebewesen zu schützen.

Die Fünf
Wunderbaren
Grundsätze schützen
mich und alle
Lebewesen.
Entschlossen, tief zu
üben

Die Fünf Richtlinien sind keine Verbote, die unsere Freiheit beschneiden, und sie sind keine Autorität, der wir wahllos gehorchen müssen. Die Richtlinien sind die Frucht unserer Achtsamkeit und unserer Erfahrung. Weil wir achtsam sind, erkennen wir, daß die Richtlinien uns und unseren Frieden ebenso schützen wie das Glück und den Frieden unserer Nächsten. Wir legen das Gelübde, diese Richtlinien einzuhalten, nur ab, weil wir ihren Nutzen sehen. Wir üben die Richtlinien, um unseren Frieden und unser Glück auch in Zukunft bewahren zu können. Als Früchte der Achtsamkeit sind die Richtlinien Verkörperungen der Erleuchtung, das heißt des Buddha selbst. Sie sind Verkörperungen des Dharma, des Pfades, den der Buddha gezeigt hat. Sie sind ebenso Verkörperungen der Sangha, der Gemeinschaft all derer, die sich auf diesem Weg befinden. Die Fünf Richtlinien zu üben, bedeutet also, eins zu sein mit Buddha, Dharma und Sangha. Die Rezitation dieser Richtlinien ist eine Übung der Achtsamkeit auf ihre Lehren und ein Weg, den Nutzen ihrer Anwendung tief zu betrachten. Es folgt nun die zeremonielle Rezitation der Fünf Wunderbaren Richtlinien.

Rezitation der
Fünf Wunderbaren Richtlinien

Eröffnungsvers:
Das Dharma ist tiefgründig und wunderbar.
Jetzt bietet sich die Gelegenheit, es zu sehen,
zu studieren und zu praktizieren.
Wir geloben, seinen wahren Sinn zu
verwirklichen.

Brüder und Schwestern, nun ist es an der Zeit, die Fünf
Wunderbaren Richtlinien zu rezitieren. Es mögen sich
bitte diejenigen, die zum *Upasaka* oder zur *Upasika* ordi-
niert worden sind, mit gefalteten Händen in Richtung
des Buddha, unseres Lehrers, hinknien.
Brüder und Schwestern, hört bitte zu. Die Fünf Richtlinien sind die Grundlage für ein glückliches Leben. Sie
haben die Kraft, Leben zu beschützen und es wahrhaft
schön und lebenswert zu machen. Sie sind auch das Tor,
das zur Erleuchtung und Befreiung führt. Bitte hört jeder Richtlinie genau zu und antwortet jedesmal still mit
„Ja", wenn ihr wißt, daß ihr euch wirklich Mühe gegeben habt, sie zu studieren und zu üben:

Die Erste Richtline:

Im Bewußtsein des Leides, das durch die Zerstörung
von Leben entsteht, gelobe ich, Mitgefühl zu entwickeln
und Wege zu erlernen, das Leben von Menschen, Tieren,
Pflanzen und Mineralien zu schützen. Ich bin entschlossen, nicht zu töten, das Töten durch andere zu verhin-

dern und keine Form des Tötens zu dulden, sei es in der Welt, in meinen Gedanken oder in meiner Lebensart.

Dies ist die erste der Fünf Richtlinien. Habt ihr euch während der letzten zwei Wochen Mühe gegeben, sie zu studieren und zu praktizieren?
(Glocke)

Die Zweite Richtlinie:

Im Bewußtsein des Leides, das durch Ausbeutung, soziale Ungerechtigkeit, Diebstahl und Unterdrückung entsteht, gelobe ich, liebevolle Güte zu entwickeln und Wege zu erlernen, die zum Wohlergehen der Menschen, Tiere, Pflanzen und Mineralien beitragen. Ich gelobe, Großzügigkeit zu üben, indem ich meine Zeit, Energie und materiellen Mittel mit denen teile, die sie wirklich brauchen. Ich bin entschlossen, nicht zu stehlen und mir nichts anzueignen, was anderen zusteht. Ich will das Eigentum anderer achten, aber auch andere davon abhalten, sich an menschlichem Leiden oder am Leiden anderer Lebensformen auf der Erde zu bereichern.

Dies ist die zweite der Fünf Richtlinien. Habt ihr euch während der letzten zwei Wochen Mühe gegeben, sie zu studieren und zu praktizieren?
(Glocke)

Die Dritte Richtlinie:

Im Bewußtsein des Leides, das durch sexuelles Fehlverhalten entsteht, gelobe ich, Verantwortung zu entwik-

172

keln und Wege zu erlernen, die Sicherheit und Integrität von Individuen, Paaren, Familien und der Gesellschaft zu schützen. Ich bin entschlossen, ohne Liebe und die Absicht einer dauerhaften Bindung keine sexuelle Beziehung einzugehen. Um mein eigenes Glück und das der anderen zu bewahren, will ich die von mir und anderen eingegangenen Bindungen achten. Ich will alles mir Mögliche tun, um Kinder vor sexuellem Mißbrauch zu schützen und um zu verhindern, daß Paare und Familien durch sexuelles Fehlverhalten auseinanderbrechen.

Dies ist die dritte der Fünf Richtlinien. Habt ihr euch während der letzten zwei Wochen Mühe gegeben, sie zu studieren und zu praktizieren?
  (Glocke)

Die Vierte Richtline:

Im Bewußtsein des Leides, das durch unachtsame Rede und durch die Unfähigkeit, anderen zuzuhören, entsteht, gelobe ich, liebevolles Sprechen und tief mitfühlendes Zuhören zu entwickeln, um meinen Mitmenschen Freude und Glück zu bereiten und um ihr Leiden lindern zu helfen. In dem Wissen, daß Worte sowohl Glück als auch Leid hervorrufen können, gelobe ich, wahrhaftig und einfühlsam reden zu lernen und Worte zu gebrauchen, die Selbstvertrauen, Freude und Hoffnung fördern. Ich bin entschlossen, keine Neuigkeiten zu verbreiten, bevor ich nicht ganz sicher bin, daß sie der Wahrheit entsprechen, und nichts zu kritisieren oder zu verurteilen, worüber ich nichts Genaues weiß. Ich will keine Worte gebrauchen, die Spaltung, Haß oder Zwietracht auslösen oder zum Bruch von Familien und Gemeinschaften beitragen können. Ich will mich stets um Versöhnung und Lösung aller Konflikte bemühen – so klein sie auch sein mögen.

Dies ist die vierte der Fünf Richtlinien. Habt ihr euch während der letzten zwei Wochen Mühe gegeben, sie zu studieren und zu praktizieren?
(Glocke)

Die Fünfte Richtlinie:

Im Bewußtsein des Leides, das durch unachtsames Konsumieren entsteht, gelobe ich, auf körperliche und geistige Gesundheit zu achten, für mich selber, meine Familie und meine Gesellschaft, indem ich achtsames Essen, Trinken und Konsumieren übe. Ich will nur das zu mir nehmen, was das Wohl, den Frieden und das Glück meines Körpers und meines Geistes fördert und ebenso der kollektiven körperlichen und geistigen Gesundheit dient. Ich bin entschlossen, auf Alkohol oder andere Rauschmittel zu verzichten und keine Nahrungsmittel oder andere Dinge zu mir zu nehmen, die eine zerrüttende Wirkung haben, wie zum Beispiel bestimmte Fernsehprogramme, Zeitschrifen, Bücher, Filme und Unterhaltungen. Ich bin mir bewußt, daß ich meinen Vorfahren, meinen Eltern, der Gesellschaft und den zukünftigen Generationen Unrecht tue, wenn ich meinen Körper und mein Bewußtsein solch schädigenden Einflüssen aussetze. Ich will an der Transformation von Gewalt, Angst, Ärger und Verwirrung in mir selbst und in der Gesellschaft arbeiten, indem ich eine maßvolle Lebensweise übe. Mir ist bewußt, daß eine maßvolle

Lebensweise für meine eigene Veränderung ebenso entscheidend ist wie für die Veränderung der Gesellschaft.

Dies ist die fünfte der Fünf Richtlinien. Habt ihr euch während der letzten zwei Wochen Mühe gegeben, sie zu studieren und zu praktizieren?
(Glocke)

Brüder und Schwestern, wir haben die Fünf Wunderbaren Richtlinien rezitiert, das Fundament für das Glück des Einzelnen, der Familie und der Gesellschaft. Wir sollten sie regelmäßig rezitieren, so daß Studium und Übung der Richtlinien von Tag zu Tag tiefer werden können.
Sobald ihr die Glocke hört, verbeugt euch bitte dreimal vor Buddha, Dharma und Sangha, um eure Dankbarkeit zu bekunden.
(Drei Glockenklänge)

Abschlußvers:
Das Rezitieren der Richtlinien
und die Übung des Weges der Bewußtheit
führen zu Nutzen ohne Ende.
Wir geloben, die Früchte mit allen Geschöpfen zu teilen.
Wir geloben, Eltern, Lehrern, Freunden und den zahllosen Wesen,
die Führung und Hilfe auf dem Pfad geben,
Anerkennung zu zollen.

Übung vierunddreißig
Niederwerfung

Mit aufrichtigem Herzen
Mich niederwerfend und ergebend,
Nehme ich Zuflucht
Zu Buddha, Dharma und Sangha,
In den zehn Richtungen
Und in mir selbst,
Die in allen Bereichen des Dharma
Vergangenheit, Gegenwart und Zukunft
überschreiten.

An dem Morgen, als dieses Gatha zum ersten Mal
in Plum Village präsentiert wurde, regnete es in Strö-
men. Vor Beginn der Praxis saßen wir vor einer großen
Glastür im Eingang der Meditationshalle und sahen zu,
wie der Regen zur Erde fiel. Das Gatha kann vielleicht
auch Ihnen bei Ihren Niederwerfungen helfen. Wie die
Regentropfen müssen auch wir uns niederwerfen. Jeder
von uns ist ein Regentropfen, und die Erde braucht den
Regen. Vielleicht möchten Sie ein sauberes Tuch ausle-
gen, um sich darauf niederzuwerfen. Ihr Gesicht wird

länger mit dem Boden in Berührung kommen als üblich, und Sie sollen sich nicht von der Unbequemlichkeit ablenken lassen, Staub atmen zu müssen.

Sich niederzuwerfen bedeutet, dem Boden nahezukommen. Es bedeutet, sich gleichzeitig nach vorn und nach unten zu bewegen. Zuerst legen Sie Ihre Handflächen vor Ihrem Herzen zusammen. Dann kann ein Mitglied der Sangha das Gedicht lesen oder singen. Wenn Sie allein üben, können Sie es selbst lesen. Auf die erste, dritte, fünfte und siebte Zeile atmen Sie ein. Bei Zeile zwei, vier, sechs und acht atmen Sie aus. Nachdem Sie das Gedicht gelesen haben, beugen Sie sich mit einer langsamen, würdevollen Bewegung zu Boden. Bevor Sie Ihre Knie aufsetzen, stellen Sie Ihre Hände zu beiden Seiten der Stelle auf, an der Ihr Kopf den Boden berühren wird. Schließlich senken Sie Ihre Stirn zu Boden. Die Rückseiten Ihrer Oberschenkel ruhen auf der Rückseite Ihrer Unterschenkel, und Ihr ganzer Körper ist nahe am Boden. Bleiben Sie in dieser Position, solange Sie möchten, folgen Sie Ihrem Atem und seien Sie sich achtsam der Worte des Gatha bewußt. Sie müssen nicht unbedingt jede Zeile im Sinn behalten, wenn das zuviel Konzentration erfordern sollte. Ein oder zwei Zeilen des Gatha sollten für Ihre Meditation ausreichen.

Die zehn Richtungen sind die acht Richtungen des Kompaß sowie oben und unten. Wir sagen, daß sie den Buddha enthalten, weil Buddha der erwachte Aspekt unseres Geistes ist, der überall manifest werden kann. Wir müssen nicht nach Bodhgaya in Indien gehen, um den Buddha zu finden. Das Dharma ist die Lehre davon, wie die Dinge sind. Wenn der erwachte Aspekt unseres Geistes aktiv ist, kann alles uns als Lehre dienen: eine Blume, ein Fels und sogar ein Schimpfwort. Sangha ist eine Kombination menschlicher und nichtmenschlicher

Elemente, die uns bei der Übung helfen. Das weiche Gras, auf dem wir uns zur Meditation niederlassen, ist ebenso unsere Sangha wie die Freunde, mit denen wir üben.

Auch in uns selbst können wir erkennen, daß jede einzelne Zelle Buddha, Dharma und Sangha enthält. Die Teile unseres Körpers, die wir gewöhnlich für rein halten, sind, ebenso wie die, die wir gewöhnlich als unrein ansehen, Buddha, Dharma und Sangha. Jede unserer Körperzellen enthält das Element Erde, und wir neigen uns zur Erde. Wir könnten der Erde nicht näher sein, und wir sind nicht wirklich verschieden von der Erde, auf der wir uns niederwerfen. In dieser Haltung erleben Sie vielleicht überwältigende Freude. Tränen treten in Ihre Augen, und Sie sehen, wie viele duftende Blumen überall vom Regen benetzt werden. Selbst wenn die Erde nichts Lebendiges hervorzubringen scheint, trägt sie doch Samen, die zu Blumen werden können. Selbst wenn Sie sterben, wie schon so viele tausendmal geschehen, blüht eine neue Blume, um Sie daheim willkommen zu heißen. Sich niederwerfen bedeutet zu sterben – zu sterben und glücklich zu sein. Ihr, die ihr zu sterben wünscht, die ihr euch den roten Staub dieser Welt von den Füßen schütteln möchtet, braucht nicht zu warten, bis der Tod euch ruft. Ihr könnt euch hier und jetzt ergeben.

Dharma-Bereiche sind die Objekte unseres Geistes. Jedes Element kann zum Objekt unseres Geistes werden und dann ein Dharma-Bereich genannt werden. Einen Dharma-Bereich umgibt etwas Geheimnisvolles, denn er kann – obwohl im Bereich der Phänomene angesiedelt – die letztendliche Natur der Dinge zum Ausdruck bringen. Buddha, Dharma und Sangha sind daher in allem, was wir nur wahrnehmen können.

178

Wir können Vergangenheit, Gegenwart und Zukunft überschreiten. Es gab nicht nur einen Buddha in der Vergangenheit, im sechsten bis fünften Jahrhundert vor Christus. Buddha ist jetzt hier bei uns, wenn wir achtsam sein können. Was waren Sie, bevor Sie als Mensch geboren wurden? Waren Sie eine Wolke? Buddha war in dieser Wolke. Vielleicht waren Sie eine Mücke, und Buddha war in dieser Mücke. Was werden Sie in Zukunft sein? Vielleicht ein Regentropfen? Buddha, Dharma und Sangha werden in diesem Regentropfen sein. Wir sollten niemals denken, daß wir nur in diesem Leben die Fähigkeit besitzen, Buddha, Dharma und Sangha zu begegnen. Wir hatten in der Vergangenheit viele Gelegenheiten, Buddha, Dharma und Sangha zu sein, und wir werden viele weitere Gelegenheiten haben.

Wenn wir uns niederwerfen, gehen wir nach unten, weil wir etwas sehr Bescheidenes werden, wir bewegen uns nach vorn, weil wir etwas sehr Großartiges werden. Tatsächlich sind wir nichts, gleichzeitig aber sind wir mit allen Elementen des ganzen Universums in Harmonie. Wenn Sie in der Haltung der Niederwerfung meditieren, müssen Sie sich sehr bequem fühlen. Sie müssen sich ergeben und Ihr bewußtes Atmen genießen. In dieser Haltung ist es sehr einfach, alle Gedanken aufzugeben. Sie können sich ergeben und alle Gedanken über sich selbst fallenlassen. Ergeben Sie sich, bis Sie nichts geworden sind. Das heißt, bis kein Stolz mehr in Ihnen ist. Sie denken nicht mehr, wie intelligent oder unintelligent Sie doch sind, wie wertvoll oder wie wertlos. Stolz ist eine Last, die wir absetzen können, wenn wir uns niederwerfen.

Übung fünfunddreisig
Die Berührung der Erde in fünf Niederwerfungen

Wir neigen uns so tief wie möglich zur Erde und berühren sie mit unserer Stirn. Dann lassen wir los, wir geben uns hin, um mit der Erde eins zu werden. So können wir alles akzeptieren, was die Erde gibt, alles, was erscheint. Furchtlos ergeben wir uns ganz und gar unserer wahren Natur.

1. *Dankbar verneige ich mich vor allen Generationen meiner Vorfahren.*

Ich denke an meinen Vater und an meine Mutter, deren Blut und Vitalität in mir fließen und jede meiner Zellen nähren. Durch sie sehe ich meine vier Großeltern. Ihre Erwartungen, Erfahrungen und ihre Weisheit haben sie von so vielen Generationen geerbt. Ich trage das Leben, das Blut, die Erfahrungen, die Weisheit, die Freuden und die Sorgen aller Generationen in mir. Das Leiden und alle Elemente, die verwandelt werden müssen, will ich transformieren. Ich öffne mein Herz und meinen Körper, um die Kraft von Erfahrung, Liebe und Einsicht, die mir von allen meinen Vorfahren übertragen wurde, in mich aufzunehmen. Ich sehe meine Wurzeln in meiner Mutter, meinem Vater, meiner Großmutter, meinem Großvater und in allen meinen Vorfahren. Ich weiß, daß ich nur die Weiterführung dieser Ahnenreihe bin. Bitte übertragt mir eure Kraft, stärkt und bewahrt sie. Ich weiß, daß überall, wo Kinder und Enkelkinder sind, auch Vorfahren sind. Ich weiß, daß Eltern ihre Kinder und Enkelkinder lieben und unterstützen, selbst wenn sie aufgrund eigener Schwierigkeiten nicht immer den besten Ausdruck für ihre Liebe finden. Ich erkenne, daß meine Vorfahren versucht haben, ein Leben zu führen, das auf Dankbarkeit, Freude, Vertrauen, Achtung und liebevoller Anteilnahme beruhte. Als Nachkomme dieser Vorfahren verneige ich mich tief und erlaube ihrer Energie, mich zu durchfluten. Ich bitte meine Vorfahren um Unterstützung, Schutz und Kraft.

2. Dankbar verneige ich mich vor allen Generationen meiner spirituellen Familie.

Ich erkenne in mir meinen Lehrer, denjenigen, der mir den Weg der Liebe und des Verstehens gezeigt hat, den Weg, achtsam zu atmen und zu lächeln, zu vergeben und ganz im Hier und Jetzt zu leben. Ich erkenne durch meine Lehrerin/meinen Lehrer alle Lehrer, die zu meiner Entwicklung beigetragen haben. Alle spirituellen Lehrer über viele Generationen hinweg, alle Buddhas, Bodhisattvas und Buddha Sakyamuni, der vor mehr als zweitausendfünfhundert Jahren meine spirituelle Familie begründet hat. Meine Lehrer gehen aber nicht nur auf den Buddha zurück, sondern auch auf die Propheten, Jesus Christus und auf die Lehrer der spirituellen Tradition, der meine Vorfahren vor dem Christentum angehörten.

Die Energie aller Generationen spiritueller Vorfahren hat mich erfaßt und sorgt für Frieden, Freude, Verständnis und liebevolle Güte in mir. Ich weiß, daß die Energie der spirituellen Lehrer die Welt tiefgreifend verwandelt hat. Ohne den Buddha und alle spirituellen Vorfahren würde ich nichts von der Übung wissen, durch die ich Frieden Freude und Glück in mein Leben und in das Leben meiner Familie und der Gesellschaft bringen kann. Ich öffne mein Herz und meinen Körper, um die Kraft des Verstehens und der liebevollen Güte der erwachten Lehrer zu empfangen sowie ihren Schutz, die Lehren der Wahrheit und die Gemeinschaft der Übenden. Ich bin die Fortsetzung des erwachten Lehrers, der Lehren der Wahrheit und der Gemeinschaft der Übenden. Ich bitte alle meine spirituellen Vorfahren, mir ihre unerschöpfliche Quelle voll Energie, Frieden, Stabilität, Verständnis und Liebe zu übertragen. Ich will mich darin üben, das Leiden in mir und in der Welt zu verwandeln, und ich werde die Kraft meiner spirituellen Familie an zukünftige Generationen von Übenden weitergeben.

3. *Dankbar verneige ich mich vor diesem Land und allen Vorfahren, die es bewohnbar machten.*

Ich sehe, daß ich ganz bin, geschützt und genährt von diesem Land und allen Lebewesen, die hier gelebt haben und mit all ihrer Sorgfalt das Leben für mich hier möglich und leicht machten. Ich sehe all die Bekannten und Unbekannten, die mit ihren verschiedenen Begabungen, ihrer Ausdauer und Liebe dieses Land zu einem Ort gemacht haben, an dem Menschen verschiedenen Ursprungs jetzt leben können. Ich sehe alle, die so schwer arbeiteten, um Schulen, Krankenhäuser, Brücken und Straßen zu bauen, die die Menschenwürde schützten, Wissenschaft und Technik entwickelten und für Freiheit und soziale Gerechtigkeit kämpften. Ich fühle mich eins mit meinen Vorfahren, die dieses Land schon lange bewohnten. Ich sehe die Vorfahren, die in Frieden und Eintracht mit der Natur zu leben verstanden und die Wälder, Berge, Tiere, Pflanzen und Mineralien dieses Landes bewahrten. Ich spüre, wie die Kraft dieses Landes meinen Körper und meinen Geist durchflutet, mich stützt und annimmt. Ich verspreche, diese Kraft zu pflegen und zu erhalten und sie an kommende Generationen weiterzugeben. Ich verspreche, meinen Teil beizutragen, um Gewalt, Haß und Täuschung, die noch tief im kollektiven Bewußtsein dieser Gesellschaft sitzen, zu verwandeln, damit künftige Generationen friedlicher und in größerer Sicherheit und Freude leben können. Ich bitte dieses Land um seinen Schutz und seine Unterstützung.

4. In Dankbarkeit und Mitgefühl verneige ich mich tief und übertrage meine Kraft auf jene, die ich liebe.

All die Kraft, die ich erhalten habe, möchte ich jetzt meiner Mutter, meinem Vater, allen, die ich liebe, und allen, die meinetwegen litten und sich sorgten, weitergeben. Ich weiß, daß ich in meinem Alltagsleben nicht achtsam genug gewesen bin. Ich weiß auch, daß die, die mich lieben, mit ihren eigenen Schwierigkeiten zu kämpfen hatten. Sie haben darunter gelitten, daß sie nicht das Glück hatten, in einem Umfeld zu leben, das sie zu ihrer vollen Entwicklung ermutigte. Ich lasse meine Energie meiner Mutter zufließen und meinem Vater, meinen Geschwistern, meinen Freunden, meinem Ehepartner, meinen Kindern, damit ihr Kummer Linderung findet und sie lächeln können und die Freude des Lebens spüren. Ich möchte, daß sie alle glücklich und gesund sind. Ich weiß, daß auch ich glücklich bin, wenn sie es sind. Ich empfinde gegenüber keinem von ihnen mehr irgendwelchen Ärger. Ich bitte darum, daß alle Vorfahren meiner Blutsfamilie und meiner spirituellen Familie ihre Energien auf jeden von ihnen richten, um sie alle zu schützen. Ich weiß, daß ich nicht von ihnen getrennt bin. Ich bin eins mit allen, die ich liebe.

5. *Mit Verständnis und Mitgefühl verneige ich mich tief, um mich mit all denen zu versöhnen, die mir Leid zugefügt haben.*

Ich öffne mein Herz und sende die Kraft meiner Liebe und meines Verstehens all jenen, die mir Leid zugefügt haben, all jenen, die vieles in meinem Leben und im Leben meiner Lieben zerstört haben. Ich weiß heute, daß diese Menschen selbst viel Leid erfahren haben und daß ihre Herzen voller Schmerz, Wut und Haß sind. Jeder, der gelitten hat wie sie, wird sein Leiden an seine Umgebung weitergeben und andere leiden lassen. Ich weiß, daß sie kein Glück hatten und vielleicht niemals wirklich geliebt und umsorgt worden sind. Das Leben und die Gesellschaft hat ihnen auf vielerlei Weise zugesetzt. Sie wurden ungerecht behandelt und mißbraucht. Niemand hat sie gelehrt, achtsam zu leben. So haben sie viele falsche Vorstellungen über das Leben entwickelt. Ich bitte die Vorfahren meiner Blutsfamilie und meiner spirituellen Familie inständig, die Kraft der Liebe und des Schutzes zu diesen Menschen zu schicken, die uns

Leid verursacht haben, damit ihre Herzen fähig werden, wie Blumen den Nektar der Liebe zu empfangen und zu voller Blüte zu kommen. Ich bitte, daß sie Lebensfreude empfinden mögen, damit sie es nicht mehr nötig haben, sich selbst und andere unglücklich zu machen. Ich sehe ihr Leid und möchte nicht, daß es immer so weitergeht. Ich möchte keinerlei Gefühle des Hasses und des Zorns gegen diese Menschen mehr hegen. Ich richte meine Liebe und mein Verstehen auf sie und bitte alle meine Vorfahren, ihnen zu helfen.

Adressen

Zentrum von Thich Nhat Hanh
Plum Village
Sister Phuong – True Emptiness
Meyrac, Loubès Bernac
F-47120 Duras
Tel. 0033 / 53 94 75 40
Fax 0033 / 53 94 75 90

Informationen über Thich Nhat Hanhs
Aktivitäten in Deutschland und Österreich
Gemeinschaft für achtsames Leben e.V.
Karl Schmied
Attenbergstraße 20 . Postfach 60
83730 Fischbachau
Tel. 08025 / 60 65
Fax 08025 / 71 59

Informationen über Thich Nhat Hanhs
Aktivitäten in der Schweiz
Meditationszentrum Haus Tao
Beatrice und Marcel Geisser
CH-9427 Wolfhalden
Tel. 071 / 44 41 83
Tel./Fax 071 / 44 35 39

Weitere Zentren und Meditationsgruppen, die
in der Tradition von Thich Nhat Hanh praktizieren

Bodensee-Sangha
Claudia Wieland
Überlinger Straße 23
88682 Salem-Tüfingen
Tel. 07553 / 596

Waldhaus am Laacher See
Dr. Paul Köppler
56645 Nickenich
Tel. 02636 / 3344

Zenklause in der Eifel
Judith Bossert
Huffertsheck 1
54619 Lautzerath
Tel. 06559 / 467